心理学実験マニュアル

SPSSの使い方からレポートへの記述まで

若島　孔文
都築　誉史
松井　博史
編著

北樹出版

はしがき

　本書は大学学部における心理学の基礎実験や追試研究、卒業論文を製作する上で最も基本となる事項をなるべく網羅した一冊のマニュアルが欲しいという点から企画されたものである。これまでも統計に関する書物やエクセル、SPSSなどを操作するための詳細なマニュアルがいくつか出版されているが、レポートの製作のためにどのような結果が重要で、どのように記述するのかという点まで考慮された学部生用のマニュアルは見当たらない。最低限の基礎と重要事項について本書からベーシックに学んでいただけることを望む。しかし、これはベーシックなマニュアルであり、これらを基礎としてより詳細な統計を学ぶことは必須であることを付け加えておく。

　多くの的確なコメントを下さり，本書を専門的な立場から支えてくださった共編著者の都築誉史先生，また，編集の上で文章や図表の調整，また出版社とのやりとりなど多くの労をとられたもう一人の共編著者松井博史先生にまず感謝したい。立正大学心理学部の長谷川誠さん，内藤由美子さん，中川明香さん，野口修二さんには一部の編集作業を手伝っていただいた。また北樹出版の古屋幾子さんには多くの面でお世話になった。編者の一人としてここに記して感謝したい。

2005 年 2 月 16 日

若島　孔文

目　　次

第1章　データの入力と加工 …………………………………… 9
1．いきなり入力する前に…　(9)
2．データを打ち込む際のアドバイス　(10)
3．SPSSへのデータのインポート　(11)
4．分析前の準備　(12)
5．値の再割り当て（逆転項目の処理）　(14)
6．折半法などより複雑な値の再割り当て　(15)
7．いくつかの項目の得点を計算して新たな項目を作る
　　　　　（項目平均の算出）　(16)
8．いよいよ分析　(17)

第2章　2つの条件の差を比べる（t検定）………………………18
1．t検定の利用について　(18)
2．サンプルデータ　(18)
3．平均値、標準偏差、グラフ　(19)
4．この差をどう理解したらいいのか？　(22)
5．t検定の手順（対応のない標本のt検定）　(25)
6．結果の解釈　(26)
7．片側検定と両側検定　(27)
8．独立した（くりかえしのない）標本と
　　　　対応（くりかえし）のある標本　(30)
9．レポートへの記述例　(32)

第3章　2つの変数の関係を見る（相関係数）………………34

1．相関係数の利用について　(34)

　　2．サンプルデータ　(35)

　　3．外れ値の分析（箱ひげ図）　(35)

　　4．相関係数の算出　(37)

　　5．相関係数に関連した統計　(39)

　　6．レポートへの記述例　(39)

　第4章　分散分析（ANOVA：Analysis of Variance）……………40

　　1．どんなときに分散分析を使うのか？
　　　　　　―3つ以上の平均の比較の分析―　(40)

　　2．分散分析のさまざま　(40)

　　3．結果の解釈の大まかな流れ　(43)

　　4．対応のない一要因分散分析の手順　(43)

　　5．対応のある一要因分散分析の手順　(48)

　　6．対応のない×対応のない二要因分散分析の手順　(53)

　　7．対応のある×対応のある二要因分散分析の手順　(61)

　　8．対応のない×対応のある二要因分散分析（混合モデル）の手順　(69)

　　9．多重比較の選択について　(78)

　10．レポートへの記述例　(79)

　第5章　χ^2検定（度数データの検定）……………81

　　1．どんなときにχ^2検定を使うのか？―名義尺度の検定―　(82)

　　2．χ^2検定について　(82)

　　3．χ^2検定の手順　(83)

　　4．χ^2検定の残差分析の手順　(90)

　　5．[†]記号の探し方　(94)

　　6．結果参考例　(95)

　　7．直接確率計算法による結果の記述　(97)

第6章　回帰分析　………………………………………………98

1．回帰分析とは何か　(98)

2．SPSS 重回帰分析の手順　(103)

3．強制投入法の手順　(105)

4．ステップワイズ法の手順　(111)

5．論文にまとめる手順：結果を図示する　(115)

6．論文にまとめる手順：論文への記述例　(116)

第7章　因子分析　………………………………………………117

1．因子分析とは　(117)

2．主成分分析と因子分析　(119)

3．説明に用いるサンプルデータ　(119)

4．因子分析（または主成分分析）を行う　(121)

5．因子決定のための結果の読み取り方　(123)

6．因子決定後の分析と結果の読み取り方　(125)

7．結果の記述例　(128)

第8章　リッカート法・α 係数・I-T 相関分析・G-P 分析　………130

1．質問紙を作る　(130)

2．リッカート法　(131)

3．α 係数・I-T 相関分析　(133)

4．G-P 分析　(137)

5．結果の書き方　(139)

6．おわりに　(140)

心理学実験マニュアル

SPSS の使い方からレポートへの記述まで

第1章　データの入力と加工

松井博史

1．いきなり入力する前に…

　実験で得たデータを入力する際には，マイクロソフト・エクセル<Microsoft Excel>などの表計算ソフトなどに入力してからSPSSなどの統計ソフトに読み込ませる方法と，直接統計ソフトに打ち込んでしまうやり方があります。どちらの方法でもかまいませんが，この本では前者のやり方で，エクセルとSPSSを用いる方法を紹介します。エクセルに限らず，どの場合でも，列（縦）に項目，行（横）にデータ（被験者）が来るように打ち込むのが基本です。後で簡単に変更できるので逆に打ち込んでしまってもかまいませんが，このやり方に慣れてしまうのが一番いいでしょう。

　データを打ち込む前に，いくつか準備をして打ち込みやすくし間違いを防止します。最初に，項目名を1列目に入れます。いくつかの統計ソフトでは日本語フォントの読み込みに難があるので，項目名も半角（英語）で打ち込んでしまうほうがおすすめですが，はじめからSPSSなどでの分析を前提にしているときは全角で入力してしまってもよいでしょう。後に打ち込み終わったデータをSPSSに読み込ませる際，強制的に項目名が半角で8文字までになってしまうので，項目名は8文字以内にしておくと便利です。

　データ入力は面倒な作業ですから，データ分析に不慣れな人は得たデータのうち，とりあえず分析したいデータだけを入力しようとすることが多いようです。しかし，なるべく得た全部のデータを入力しておくことをおすすめします。得たデータのすべてを入力しておくと，分析を進める中でわいたちょっとした疑問をすぐに確かめることができ，思わぬ結果を見出すことにつながります。自由記述など入力しにくいデータでも，せめて記入があったかなかったかを1と0にして入力くらいはしておいたほうがいいでしょう。

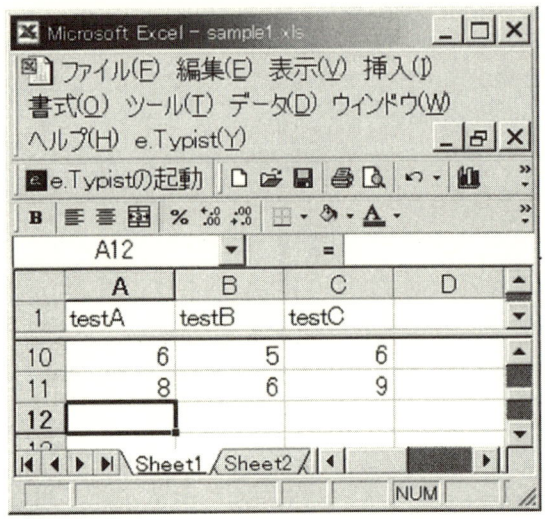

　次に,ツールバーから『ウィンドウ』→『分割』(以下エクセル2000の場合)を選び,ドラッグ(マウスの左ボタンを押しながらずらすこと)して1列目と2列目の間を分割します。横の分割は必要ないので一番左にして消してしまいましょう。その後『ウィンドウ』→『ウィンドウ枠の固定』を選んでください。図のようになり,たくさんのデータを入力していても常に項目名が表示されるようになります。

　項目名が多い(つまり横に長い)ときは,これに加えて列に線を引いたり色分けすると入力ミスを防止できます。アルファベットで表示されている列名をクリックして列全体をアクティブにし,罫線ボタンを押すなどして区切りをつけておきます。質問紙が2枚以上にわたるときなどに,ページの最後の質問の右に線を引いておくのがおすすめです。最後に『ツール』→『自動保存』を選び,数分ごとにファイルが自動で保存されるようにしておきます。アクシデントによって今までの努力が無駄になる悲劇を防ぐために大切です。

2. データを打ち込む際のアドバイス

　このような準備を終えたらどんどんデータを打ち込んでいきましょう。この

とき，ツールバーから『ツール』→『オプション』→『編集』を選び，カーソルの移動方向を右に変えておくと，打ち込むたびにカーソルが右に移動してくれるので便利です。

　具体的なデータの入力方法についてアドバイスです。まず欠損値ですが、なんらかの理由で得られたデータに空欄があり欠損値がある場合でも、0 や 100 などの数字を打ち込んでおいたほうが間違いが少ないようです。データ入力の最後に空欄を置換してもいいでしょう。また，入力の際はなるべく数字で入力しましょう。性別などは 1 と 2 で，選択肢 abcde のどれかの場合は 1~5 までの数字で入力するようにします。後で説明するように，被験者をいくつかの群に分けて実験を行っている場合(対応のない計画，被験者間要因計画)では，各被験者がどの群に所属したのかという記入も必要です。たとえば，被験者を実験群と統制群 2 つに分けていた場合，実験条件という項目（列）を作り，実験群に 1，統制群に 2 を割り当てます。逆転項目といって，他の質問とは逆に聞いている質問の結果などもとりあえずそのまま打ち込んでしまい，後で変更するほうが楽で間違いも少ないでしょう。

3．SPSS へのデータのインポート

　エクセルでのデータの入力は終わりましたか？　データ入力が終わったら，あらためてデータを保存しておきましょう。このとき必ず 2 つ以上のメディアに記憶するようにしてください。ハードディスクとフロッピーディスクなどに別々に保存しておけば安心です。パソコンが壊れたなどの言い訳をしても論文やレポートの締め切りがのびるわけではありません。また，SPSS にデータを読み込ませた後も，エクセルのデータを用いて他の統計ソフトを使用する可能性がありますから，このデータは削除せず取っておくことを習慣にしてください。

　次にいよいよ SPSS にデータを読み込ませます。いくつか方法がありますが，ここでは一番簡単なやりかたを紹介します。エクセルを閉じて SPSS を起動し，『ファイル』→『開く』→『データ』から先ほど保存したエクセルファイルを

選びます。一瞬見あたらなくてあせるかもしれませんが，一番下の『ファイルの種類』から『excel(*.xls)』を選べば表示されるはずです。ファイルを開くとSPSSがどのようにデータを読み込めばいいか聞いてきます。

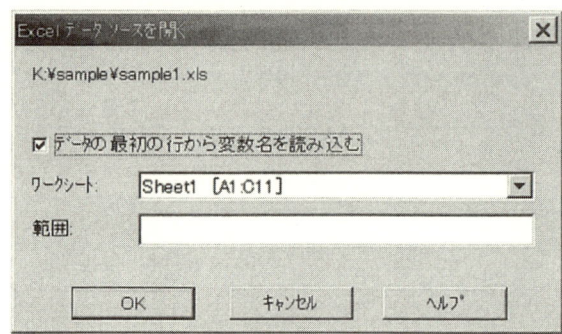

『データの最初の行から変数名を読み込む』にチェックが入っていることを確認してOKを押します。その他の部分は通常変更しなくて大丈夫ですが，うまくいかないようならデータを入力したワークシートや範囲を指定してみてください。

4．分析前の準備

エクセルからSPSSにデータの導入（インポート）を終えると，画面では図のようにエクセルと似たような形でデータが読み込まれていると思います。

これでデータ自体はSPSSに読み込ませることができました。すぐ分析にかかりたいところですが，結果を見やすくするためもう少し細かい情報をSPSSに与えてあげましょう。画面左下のタグから『変数ビュー』を選び，

それぞれの変数（項目）についての情報を記入する画面にします。『データビュー』を押せば元の画面に戻ります。
変数ビューを開くと下のような画面が表示されると思います。

ここで各項目についての情報を SPSS に教えてあげることができます。『名前』は 8 文字以内でつけられた各項目の名前です。ここではエクセルで入力した名前がそのままインポートされていますのでこのままでいいでしょう。『ラベル』には 8 文字に制限されない長い名前を入れておくことができます。短い名前では分かりにくいなら入力しておきましょう。

『値』の欄では各数値に名前をつけることができます。例えば性別の入力で，女を 1，男を 2 として入力した場合ここでその情報を入れておくと出力の際にちゃんとそちらの表示で結果を返してくれます。欠損値に決められた数字を入力した場合『欠損値』のところで個別の欠損値を指定して置くことを忘れないで下さい。

それ以外の項目はあまり気にしなくても大丈夫です。『型』は通常このままでいいはずですが，入力形式が日付や文字などの場合は変更します。『列』はデータビューでの列の表示幅です。データビューで列をドラッグしても変更できます。『測定』の部分はデータの性質を指定しますが，わからなければとりあえずスケールのままにしておきましょう。

5．値の再割り当て（逆転項目の処理）

　質問紙の中に，逆転項目が入っていたり，何らかの事情で２つの回答を１つにまとめたい場合など，値の再割り当てという処理を行うことで簡単に処理できます。逆転項目などは入力の時点で逆転する方法もありますが，簡単に変更できますのでSPSSに読み込ませた上で変換するのが入力も楽で間違いが少なくおすすめです。ここではより一般性がある値の再割り当ての方法を紹介します。ツールバーの『変換』から『値の再割り当て』を選び，値を再度割り振ります。このとき，前のデータがもういらないなら『同一の変数へ』を選びデータを上書きしてしまいます。古い割り振りも用いる可能性があるときは『他の変数へ』を選びましょう。

　SPSSがどの変数を変えたいのか聞いてきますので選択肢を押せば，右のボックスに移ります。次に『今までの値と新しい値』をクリックし，新しい値を指定していきます（ここでは，『変数(v)』のボックスに値が入っていないのでクリックできませんが，ボックスに値が入ることによりクリックできるようになります）。

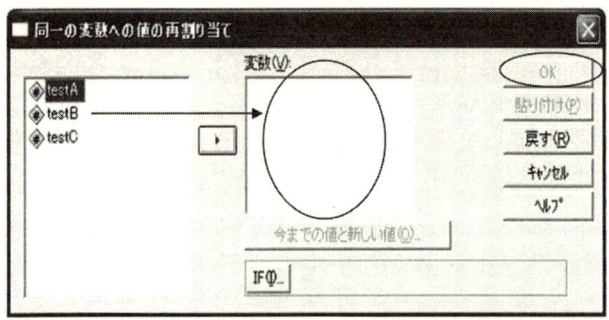

　次に，今までの値と新しい値を割り当てていきましょう。今までの値と新しい値を指定し，『追加』ボタンを押していくだけです。最後に『続行』ボタンを押して再割り当てを終え，『OK』ボタンで終了します。

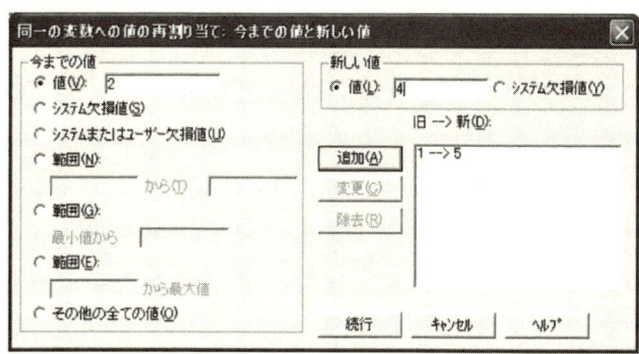

6. 折半法などより複雑な値の再割り当て

　値の再割り当てなどの際によく行うのが，ある得点が高い人と低い人を比べる折半法などを用いる際に，高群を1低群を2とするような項目を新たにつくる場合です。

　それには5の『今までの値と新しい値』のときに範囲を指定することで行えます。

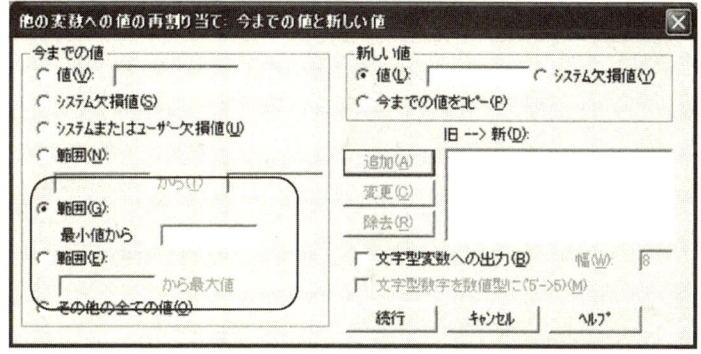

　範囲のところで，『最小値から』の右のボックスに平均点など分けたい基準を入れ，1などの値を割り当てます。『から最大値』の左にも平均値などを入れ，2などの値を割りあてれば，高群に2，低群に1の値が割り当てられます。4

分するときなどもこれに準じます。余談ですが，折半などを行う際は，『分析』
→『記述統計』→『度数分布表』で棒グラフを見るなどして，データの分布を
確かめてから行ったほうがよいでしょう。場合によっては，平均値ではなく中
央値などで分けたほうがよい場合があります。

7. いくつかの項目の得点を計算して新たな項目を作る（項目平均の算出）

　よくある値の変換のもうひとつは，いくつかの項目の得点を足したりして，
新たな項目を作ったりすることです。ここでは，いくつかの項目の平均点を出
すやりかたを例に説明します。

　これには『変換』タブから『計算』をクリックします。

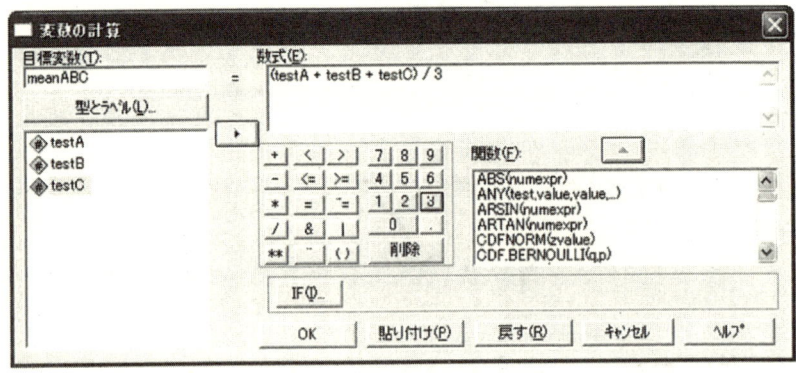

　『目標変数』ボックスに新たにつくる項目の名前を入れ，右の式に，計算式
を書き込みます。今回は３つの項目の平均点ですから，図のように

(testA ＋ testB + testB) / 3

と入力します。項目の名前や数学記号などは，マウスでボタンをクリックして
入力してもいいですし，そのまま式を打ち込んでしまってもかまいません。
『OK』を押すと，

	testA	testB	testC	meanAB C
1	1.00	2.00	3.00	2.00
2	2.00	3.00	4.00	3.00
3	5.00	6.00	7.00	6.00
4	6.00	7.00	8.00	7.00
5	5.00	6.00	4.00	5.00

このようになり，3つのテストの平均点の項目『meanABC』が新たに作成されます。コンピュータが得意な人やエクセルに慣れている人は，先の式の入力の際『関数』ボックスから式を入力することでも同様の計算が楽にできます。

8. いよいよ分析

これで分析の準備は一応整いました。この本の他の章で紹介されている分析は，以上のようなデータの入力があらかじめなされているという前提で行われていますので注意してください。

最後に，この章で紹介したデータの入力や加工のほかにも，グループ化や値のカウントなどの処理を行うことがあります。そのような複雑なデータ処理については，『SPSS 完全活用法―データの加工と入力』（酒井麻衣子著，東京図書）を参照してください。データの入力からより複雑なデータの加工までくわしく書いてあるのでおすすめです。

第2章　2つの条件の差を比べる（t検定）

松井博史・若島孔文

1．t検定の利用について

　本章では，みなさんが最もよく利用すると思われる，ある条件とある条件の2つの値を比べるという分析方法を扱います。t検定を行う一例として，この章では男性と女性の英語テストの得点の差を調べることにしましょう。このとき，男性と女性の差はほとんどないかもしれませんし，逆にものすごく大きな差があるかもしれません。t検定を行うことで，この差を一定の基準のもとで調べ，性別による差がありそうなのかどうかについての情報を得ることができます。

　なお，t検定は2つの条件しか比べることができません。ですから，ある暗示をかけた群，同じ時間だけテレビを見ていた群，なんの操作もしていない群の3つの条件を設定し，その後英語テストを行った場合などでは第4章で扱う分散分析を行うことになります。しかし，平均値の差を検定する際の基本的な考え方はt検定と同じですから，この章から順に読みすすめた方がよいでしょう。

2．サンプルデータ

　ここでは，男女それぞれについて10人ごと，計20人の英語テストの点数がわかっているとします。データの入力方法については第1章を参照してください。

　男性，女性などはもちろん1，0などの数字で入力した後，SPSSの変数ビューの値の設定で変換すると，その後の分析では男，女と表示してくれます。この実験では被験者を男女の2群に分けています（対応のない計画，被験者間要因計画）から，項目は点数の欄と実験条件を1，2で入力した2つになります。1人が2回の測定を受け，その差を比べる（対応のある計画，被験者内要

因計画）場合，項目には単に2回のテストが並ぶことになります。被験者内または被験者間計画の違いについては，この章の8節などで触れています。

	e.test	sex
1	79	男
2	56	男
3	74	男
4	98	男
5	68	男
6	55	男
7	77	男
8	82	男
9	67	男
10	80	男
11	62	女
12	79	女
13	84	女
14	90	女
15	88	女
16	92	女

3．平均値，標準偏差，グラフ

　これはどの検定を行う際にもいえることですが，検定を行う前に，そもそも平均点は何点だったか，標準偏差（データのばらつき）はどれくらいだったかを把握しておくことが大事です。さらにグラフも一度は作ってみましょう。どのような検定を行った際にも，レポートの最初には平均点と標準偏差（もしくは分散）を明記します。

　以下ではこれらの値の算出方法を説明します。まず，画面上部のメニューから，『分析』→『記述統計』→『記述統計』を選びます。

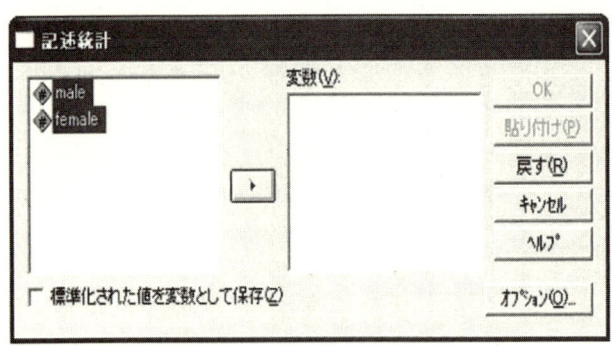

　このような画面が表示されると思います。すべての変数をドラッグ（マウスの左ボタンを押したままマウスを動かすこと）して選び，真中の右矢印ボタンを押して分析の対象にします。次に『オプション』ボタンを押し，平均値と標準偏差が表示されるようチェックします。『続行』でオプションを閉じ，最後に『OK』ボタンを押せば完了です。

記述統計量

	度数	平均値	標準偏差
male	10	73.60	12.817
female	10	82.40	11.167
有効なケースの数 (リストごと)	10		

　別ウィンドウに画面が表れ，分析結果が表示されます。出力結果の表をレポートなどに載せたい場合は，表をコピーし，一度エクセルに貼り付けてきれいに加工してからワードなどのワープロソフトに載せるようにしましょう。いきなりワードにSPSSの出力を貼り付けるのは見にくいですしあまりにも不親切なやり方です。結果を表1として出してみます。みなさんもレポートの『結果』の最初には以下のような表を入れてください。細かい書式は本章9節などを見てください。

表1：性別ごとの英語テストの記述統計量

	男性	女性
平均点	73.60	82.40
標準偏差	12.82	11.17

　女性のほうが平均点は10点ほど高く，標準偏差はわずかですが男性のほうが大きいことがわかります。t検定ではこの平均点の差を統計的に検討するわけですが，その前に棒グラフで平均点を図示しておくのが普通です。グラフを出すときは，先に表を出した後，『これらの平均点を図示したものが図1である』などとして出します。

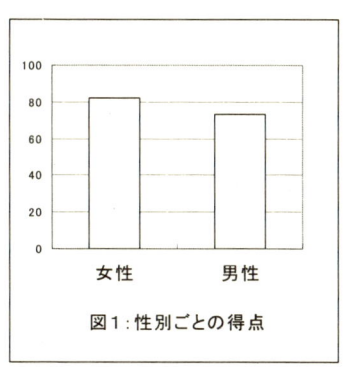

　ここでは優等生的に，最小値を0，最大値を満点である100として図示しましたが，差をよりアピールしたいときはよくあるように下を切ってしまい，例えば50から100までの範囲で図示してもよいでしょう。
　このようにグラフを書くと，直感的にわかりやすく，自分自身のデータの把握にもなります。ですから，レポートに載せる必要がないような場合でもまずグラフを書いてみて，データの把握をしておくとその後の分析の際に自分が今何をやっているのか混乱せずにすみます。今後複雑なデータを扱う際も平均値や標準偏差の把握を大事にしてください。

ところで標準偏差とはどんな意味があるものだったのか覚えていますか？個々のデータの平均値からのずれを2乗したものが分散，そのルートが標準偏差でした。ですから，標準偏差の大きさは個々のデータのばらつきを示しています。この例では男性の得点は女性の得点よりも多少ばらつきがみられます。しかしこの差が意味のあるほどのものであるのかには*F*検定という別の検定が必要です。

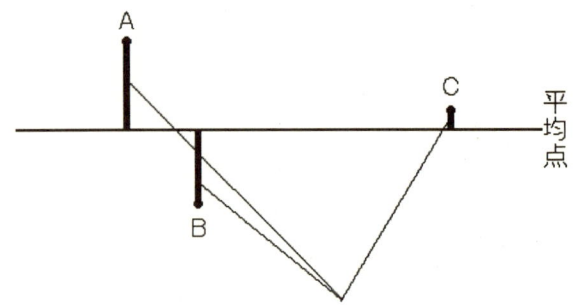

この線の長さを2乗して平均したものが分散

(被験者がA,B,Cの3名だった場合)

4．この差をどう理解したらいいのか？

さて，図1を見る限りでは，性別の違いによる英語テストの差はあるように思えます（この本で用いられているのはランダムに作成されたサンプルデータなので，必ずしも事実を反映してはいません）。しかし，もしかしたらこの程度の差は誤差として頻繁に起こりうるのかも知れません。例えば，もう一度違う女性10人にテストしたら今度は平均点が60点だったなどという場合も考えられるわけで，その場合性別が違うからこの10点の差が生じたのだとは考えにくいわけです。まとめると，この場合表1および図1のような結果が生じた原因として，

可能性 1：この 10 点の差は性別の差ではなく，単なる誤差である。
可能性 2：この 10 点の差は性別による差（と誤差の合計）によって生まれたものである。

の 2 つの可能性が考えられることになります。統計学では可能性 1 を帰無仮説という小難しい名前で呼んでいます。

さて，ではどうやってこの可能性を分類するかが問題になります。まず，差がものすごく大きければ，偶然このような差が生まれたと考えるのは難しく，可能性 2 の確率は高まると考えることができます。例えばテストの平均点が地域ごとに 50 点も違っていた場合などを考えてください。どう考えても，この差を偶然と言い切るのは無理があり，きっとどちらかの地域では英語を教えていないとか，逆に日常的に英語を用いているなどの地域差があるはずです。逆に，差がほとんどなければ可能性 1（帰無仮説）である確率は高まります。普通に考えても，男女で平均点が 0.1 点しか変わらないテストの場合に，この問題では男女によって成績が異なるのかもしれないなどと真剣に考えたりしません。問題は，今回のケースのように中途半端に差があった場合，どちらであると考えるのが妥当かということです。

実は，このような場合，可能性 1（帰無仮説）だったときに 10 点なら 10 点ずれる確率が何%であるかというのは簡単に確率が求まります。これに用いるのが t 分布で，ガウスという人が発明した正規分布をもとにしています。統計学の教科書でだれしも一度は見たことがある，例のおわんをふせたような形のアレです。しかし，心理学調査では通常見たいものそのもの（母集団）ではなく，そこから得られたデータ（標本）を用いて計算するので，標本の分布である t 分布を用いるのです。母集団と標本という考え方は，すべての検定に適用される重要な概念ですから勉強しておいてください（より深くは第 1 種，第 2 種の誤りなどについて参考文献などから勉強してください）。

t 分布をもとにした計算に従うと，もし可能性 1（帰無仮説）だった場合，この人数や分散だと，95%の確率でプラスマイナス 14.01 点の範囲に 2 回の測

定は収まるはずです。

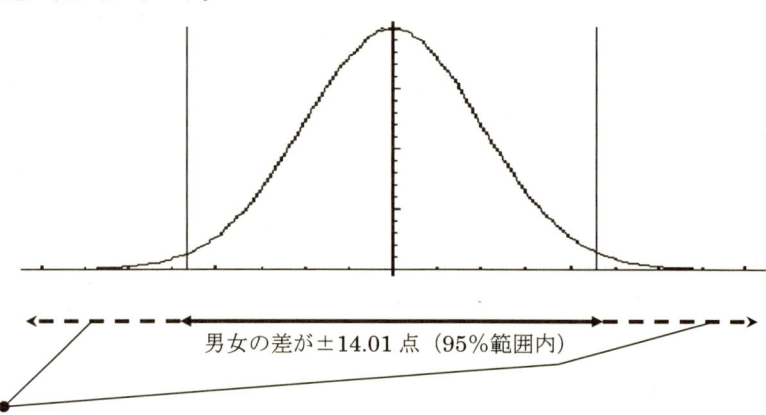

男女の差が±14.01点（95％範囲内）

男女の差が 14.01 点以上（5%以下の確率でしか起こらない範囲）

　特に意味はありませんが，慣例的に5％以下の確率でしかおこらないことはまれであるとすることが多いです（つまりこれが5％水準で検定するということです）。すると，この場合男女の差がプラスマイナス 14.01 点以上であればこの差は偶然（帰無仮説）とは考えにくく，男女による英語テストの差を考えてもよいといえるでしょう。ところが今回の場合では差は 10 点ほどしかありませんから，レポートには，今回の調査では帰無仮説を棄却せず，性差は有意なものとしてみられなかったと書くことになります。

　なるべくわかりやすく説明したつもりですが，理解できましたか？数式を用いない説明はまぎれも多く，これだけでわかったと思っていると思わぬ落とし穴にはまります。また，実は理解のために説明を省いたところがかなりあるので，みなさんは機会をみつけて必ず統計学の教科書からもう一度勉強しておいてください。今回は，みなさんがレポート提出前日であるという可能性も考えられるので説明はこの辺にしておきます。1つだけ知らなくてはいけないのは，t 検定や分散分析などのこの本で紹介している平均値の差の検定は，みな似たような理屈で検定を行っていること。このような分布をもとにした検定はパラメトリックな検定と呼ばれ，分布が仮定できるようなものにしか使えないとい

うことです。卒業論文などの計画の際にはデータを取る前にそのあたりに十分注意を払ってください。データを取ってからでは遅すぎます。

5．t 検定の手順（対応のない標本の t 検定）

　t 検定を間違いなく行うためには，まだいくつか説明しなければならないことがありますが，それらは後に回し，まずは２で与えられたデータの分析例を示そうと思います。

　画面上のタスクバーから『分析』→『平均値の比較』を選ぶと，いくつかのメニューが開きます。今回のデータは８節で説明するように独立ですから，『独立したサンプルのＴ検定』を選びます。自分のデータが独立か関連があるのかわからない人は，とりあえずこの章を最後まで読んでから自分のデータを分析してください。

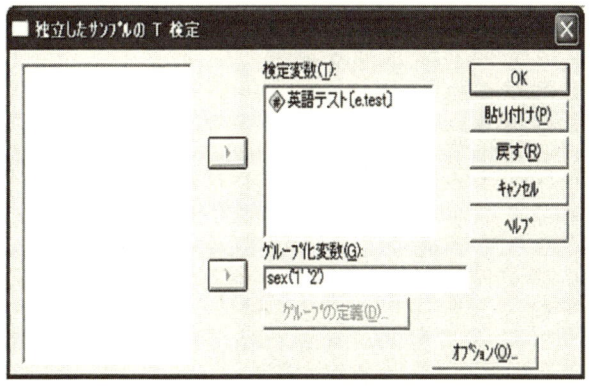

　上のような画面が開くと思います。比べるもの（この場合英語テストの点数）が入っている列を『検定変数』に，分ける基準（この場合性別）が入っている列を『グループ化変数』に入れます。

　次に，グループ化変数に入れた列をどのように分けて分析すればよいか SPSS に教えてあげなくてはなりません。

『グループの定義』ボタンを押すと下のようなウィンドウが開きますから，ここで男性と女性に割り当てた数字を入れてあげます。自分は女性を1，男性を2として入力しましたからこのようになります。終わったら『続行』を押して前の画面に戻ります。

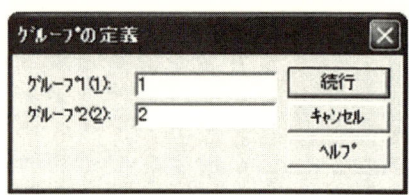

『オプション』ボタンを押すと信頼区間の範囲を指定できます。SPSSではあらかじめ95%に設定されているので今は変更しなくてもいいでしょう。

右上の『OK』ボタンを押すと下のような画面が表示されると思います。

	等分散性のための Leveneの検定		2つの母平均の差の検定					差の95%信頼区間	
	F値	有意確率	t値	自由度	有意確率(両側)	平均値の差	差の標準誤差	下限	上限
英語テスト[e.te 等分散を仮定する	.034	.856	1.637	18	.119	8.800	5.376	-2.494	20.094
等分散を仮定しな			1.637	17.669	.119	8.800	5.376	-2.509	20.109

6．結果の解釈

ここでは理論的な部分は省き，実用的な部分だけを説明することにします。まず，左から3つめのほうの『有意確率』というものを見てください。このF検定というのは，比べた2つのデータ（この場合男女性）の分散を，同じようなものとしてみなしてよいかを見ています。この値が0.05以上であれば，以後の分析では上段の『等分散を仮定する』ほうを，0.05以下であれば，下段の『等分散を仮定しない』ほうを見るようにします。たいていそうであるように，こ

の場合も，

$F_{(1, 18)}=.03$

と低い値で，有意確率 $p=.86$ と.05 よりも大幅に高い数字になっています。ここから，等分散を仮定できることがわかりますから，以後の分析では上段を見ていきます。

さらに3つ右の『有意確率』が，具体的に男女の差による英語テストの平均値の差8.80点を，どのように捉えたらよいのかを指し示してくれています。ここでは両側検定の場合（次の7節で説明します），つまり特に仮説がない場合を想定します。そのとき，この確率が5%よりも小さい場合帰無仮説を棄却して男女の差はありそうだと結論付けられ，逆に5%よりも大きければ帰無仮説を棄却せず，この差はいわば偶然のものであるので，この平均値の違いをもって男女の差があるとはいえないという結論になります。

7．片側検定と両側検定

ここでまたややこしい話をしなくてはなりません。先の検定では，『とにかく男性と女性の間に差があるか』ということを検定しました。つまり，女性よりも男性のほうが点数が高い場合と，低い場合の両方を考えて検定を行ったわけです。男性の平均点を基準に，女性の平均点がどれだけずれていたかという基準で前の図をみてみると

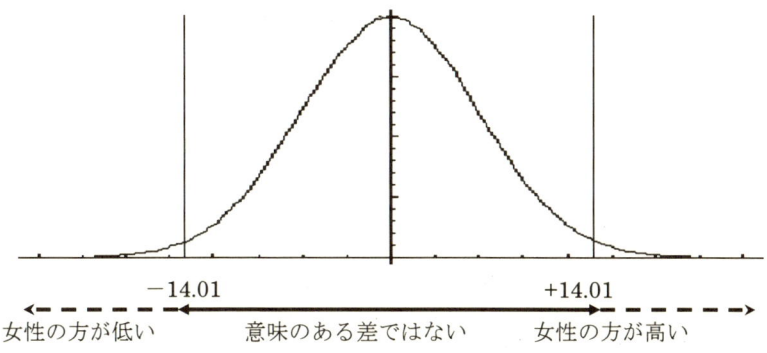

となります。しかし，実験を行う前に例えば『かくかくしかじかの理由により，女性のほうが男性よりも点数が高いはずだ』などの仮説が合った場合，検定のやり方が異なります。その場合は上の図の右側部分だけの5％が帰無仮説を棄却できる部分となりますから，検定力が上がっているわけです。

　もう一度4の説明に戻って考えてみましょう。先の場合では，両側検定，つまりどちらかに差があるかもしれない，という方針で検定したので，プラスマイナス（以下±）14.01点以上の差があるかどうかが問題になりました。しかし，『女性の方が男性よりも点数が高いかどうか』という方針で検定した場合，『女性のほうが男性よりも11.57点以上高いかどうか』が問題になるのです。ここで，14.01よりも小さい値11.57の差があれば男女差があるとできることに注目してください。片側検定では両側検定にくらべ，どちらか一方しか見ないので，差があることを検出できる力は2倍になります。

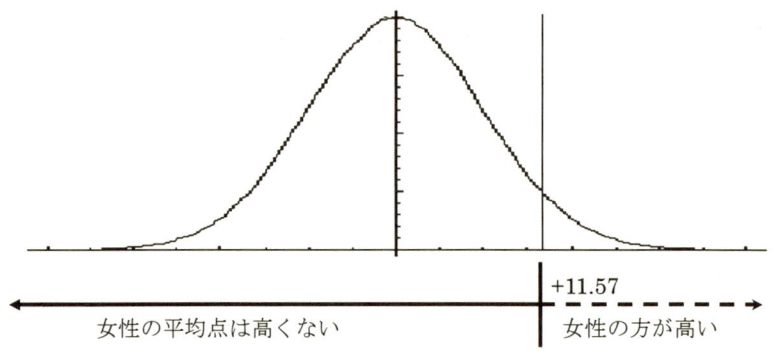

もう一度まとめると，

両側検定：女性のほうが男性よりも 14.01 点以上高い（2.5%）
　　　　　　　　　　　　　　　＋
　　　　女性のほうが男性よりも 14.01 点以上低い（2.5%）
　　　　　　　　　　　　＝5%

に比べ，

片側検定：女性のほうが男性よりも 11.57 点以上高い（5%）

という範囲を見ていることになります。ですから，仮説が立てられる場合は仮説を立てて片側検定を行ったほうが，両側検定よりも意味のある差を検出できる可能性（検出力といいます）が2倍になります。

そこで，ここがポイントなのですが，片側検定の場合は6節のときの2つめの有意確率を半分にして考えます。今回の例ではどちらにしても帰無仮説を棄却しないのでかまわないのですが，よく間違って結果を解釈しがちなので気をつけてください。なぜ半分にして考えるのか，カンのいい人はもうわかるかもしれませんが，どちらにしろこのあたりはよく勉強しておいてください。

最後にお小言を1つ。よく，卒業論文などで，有意な差が見られなかったからといってなんとかして有意差を出そうと懸命になる人がいますが，それはよく考えるとおかしい行動です。仮説に反して有意な差が見られなかったというのは大変興味深い結果なのですから，それについて考察してみることのほうが先でしょう。無理に結果を『構成してしまう』ことで重大な発見を見逃してしまうかもしれませんよ。

8．独立した（くりかえしのない）標本と対応（くりかえし）のある標本

　これで終わりたいところなんですが，まだもうひとつあります。データの形式の部分です。5節で分析を行うときに，『独立したサンプルのT検定』と『対応のあるサンプルのT検定』というのがでてきましたが，これは一体なんでしょうか。

　今回のデータから考えてみましょう。女性と男性がそれぞれテストを受け，この差を比べる場合，この差は

　そもそもの差＋個人差

だと考えられます。今回のケースでは，女性にたまたま英語の得意な人が集まってしまったという場合も考えられるわけです。これが独立した標本（サンプル）の弱点です。

　では，頭がよくなる（かもしれない）薬があったとして，10人の被験者にそれぞれ薬を飲んだときと飲んでいないときの2回試験を受けてもらったとします。その場合はどうでしょうか。この場合，同じ人どうしを比べることになるので，個人差はないとみなしてもよいわけです。ですから，このようなくりかえしのある標本の検定の場合，同じだけの差でも独立した標本の差よりは誤差を含んでいない差だと考えられます。そのため，t検定の際も式を少し変え，得られた差をより強く捉えて考えるわけです。これが対応のある被験者計画といわれるものです。有意な差を検出する能力が高いという意味でこちらの方が優秀な計画と言えそうですが，対応のある計画の場合，薬を飲んでいない条件を先に行うことで薬を飲んだ条件を行う際に，多少の学習効果がみられ結果が変わってしまったり（順序効果），薬を飲む条件を先に行い後に薬を飲んでいない条件を行った場合，十分薬が抜けているか配慮しなくてはならないなど特有の問題も生じます。例えばこのような計画の場合，10名ずつ計20名にそれぞれの条件を行ってもらえば独立した標本の計画に容易に変更できますから，どちらを採用するかは研究者の判断に任されています。

対応のある標本の t 検定については，独立した標本のやりかたと同様なので省略します。ただ，データを入れるときに，当然ですが，対応のある場合列ごとに実験条件を入れることを間違えないで下さい。SPSS へのデータ入力の際は，行が常に人（などのデータ単位）に対応させるという原則を忘れなければ大丈夫です。参考のため，8人の被験者を用いて，条件1，2による得点の違いを測定したときの違いを例示しておきます。対応のない標本では，各被験者は一回の測定しか行いませんが，対応のある標本では条件ごとに測定を行っています。しかしその分被験者数は実質2倍となります。

対応のない標本

	A	B
1	得点	条件
2	25	1
3	30	1
4	40	1
5	45	1
6	65	2
7	30	2
8	55	2
9	45	2

対応のある標本

	A	B
1	条件1	条件2
2	25	65
3	30	30
4	40	55
5	45	45
6	65	25
7	30	30
8	55	40
9	45	45

ところで，独立，対応のある，などの表現は人や場合によって異なるので，下に対応表をつけておきます。

被験者間要因計画 (between)	対応のない（独立した）標本	関連のない標本	繰り返しのない標本
被験者内要因計画 (within, 反復測定)	対応のある標本	関連のある標本	繰り返しのある標本

9．レポートへの記述例

　以下に，あらためてレポート記述の際の記述例をのせておきます。『目的―仮説―方法―結果―考察』というよくある書き方では，結果にあたる部分です。気をつけることは

① 結果の部分には自分の考えは書かない。後の考察で述べる。ただし，結果と考察として，両者を同時に示していくやりかたもある。

② 表のタイトルは上，図のタイトルは下に入れる。またタイトルは内容をあらわした簡潔なものが望ましい。

③ 数値は通常小数点以下 2 桁で四捨五入とする。

④ 通常，検定結果の記述には検定した値を載せる。たとえば t 検定の場合，$t_{(自由度)}$ ＝値。自由度は通常 SPSS が出力してくれるので問題ないが，基本的にあるグループの被験者数から 1 を引いたものがそのグループの自由度，それを足すと実験全部の自由度になる。自由度の算出方法は検定ごとにちがうので注意すること。また，t などの統計記号は半角斜体にする。

⑤ t の値に加え，有意確率を記す。通常 $p<.05$ などとして記すが，近年の統計ツールの発展により，$p=.02$ などとして得られた値をそのまま書くこともある。正確さや，メタ分析と呼ばれる手法の適用しやすさという点で後者の記述が勝っている。なお，5％水準で検定した際にも，より高い基準で差がでた場合にはそちらを書き，より強い差をアピールすること（p<.01 や p<.001 など，差がないときは $n.s.$）。

⑥ レポート記述の際は，主に過去形で記述する。文章に困ったら，『心理学研究』などの論文を参考に書くとよい。論文においては，わかりやすさが第一で，こった言い回しや文学的な表現などの文章の面白さは必要とされていない。内容の面白さが第一。

⑦ その他，記述等で困ったことがあれば，著名な学会誌や，日本心理学会が出している『執筆・投稿の手びき』などを参考にするとよい。特に，引用文献の書き方については厳密な書式が決まっているので，それに従ったほうが

格好がいい。ただし，研究分野が異なるとこれらは全く変わる。

などです．下は実際の記述例です．

> （男女による英語力の差を確かめるため，男女それぞれ 10 名ずつに＊＊のような内容の英語テストを実施した。テストの詳細は末尾に付録して添付してある。）男女ごとの英語テストの平均点と標準偏差は表1の通りである（表1は既出）。また表1の平均点を図示したものが図1である（図1も同様に既出）。
> 　男女による平均点の差が有意なものであるか確かめるため，5％水準で両側のt検定をおこなった。この結果，男女の差は有意ではなかった（$t_{(18)}$=1.64, *n.s.*）。

● 参考文献
岡太彬訓・都築誉史・山口和範　1995　データ分析のための統計入門　共立出版。
山内光哉　1987　心理・教育のための統計法　サイエンス社。

第3章　2つの変数の関係を見る

（相関係数）

松井博史

1．相関係数の利用について

　本章では最も基礎的な統計法の1つとして，点で表された2つの変数の関係を見る方法を扱います。身長と体重の例から考えてみましょう。常識的に考えて，身長が高ければ体重も多く，体重の多い人は身長も高いと思われます（つまり，このような仮説が普通考えられるわけです）。相関係数というのは，何人かのデータを分析することによって，この関係を数字で表し，また仮説を確かめる方法です。

　相関係数（正確にはピアソンの積率相関係数）は最も基本的な統計技法で理解も比較的容易ですが，その利用にあたっては，外れ値の影響を受けやすいなどいくつかの問題点もあります。特にある要因に対するある要因の効果などを明確に出したい場合には，第2章で扱う t 検定を用いたほうが有効な場合もあります。このようなときによく用いられるのは折半法で，2つの変数のうち独立変数と考えられるものの平均値（データの分布によっては中央値など）を基準にデータを2つに分け，その高群と低群で従属変数として考えられる値を t 検定します。みなさんは実験を行う前に，前もって結果をどのように分析するかについてよく考え，また相談しておいてください。いくら実験の達人でも，データを取ってしまったあとでは有効なアドバイスをするのは難しいものなのです。折半の仕方については第1章6節に説明があります。

　ここでは数式は省きますが，相関係数とは，2つの変数を標準得点に変換し，その両者の積の平均値として定義されます．相関係数は数学的な理解も比較的容易ですから，みなさんはこのあたりから本格的に統計学を勉強されたらと思います。例えば岡太・都築・山口著『データ分析のための統計入門』（共立出版）

などにはより深い説明が簡単にまとめられていますから，それらを参考にしてください。この本では，参考までにそこから相関係数の評価の目安を以下に示すにとどめます。

参考表：相関係数の評価の目安	
$0.0 \leq |r| \leq 0.2$	ほとんど関係がない
$0.2 < |r| \leq 0.4$	弱い関係がある
$0.4 < |r| \leq 0.7$	中程度の関係がある
$0.7 < |r| \leq 1.0$	強い関係がある

岡太・都築・山口（1995）より引用

2．サンプルデータ

ここでは例として，外向度得点と親しい友人の数の関係を見ることにします。なお，どの章においてもデータはサンプルとしてランダムに作ったものです。

20人分のデータが外向度得点，親しい友人の数，最も親しい友人との付き合いの深さともに10点満点で与えられているとします。データの入力方法については第1章を参照してください。標準偏差については第2章3節を参照して下さい。

3．外れ値の分析（箱ひげ図）

相関係数などを求める前に，もうひとつやって欲しいことがあります。外れ値の分析，つまりあまりにも仲間外れな（特異な）データ（この場合被験者）がないか調べるということです。相関係数の性質として，一部の極端なデータによって見かけの相関係数が高くなってしまうことがあるため，特にこの作業が重要となります。実際には何を外れ値とするか，また外れ値がでた場合どうするかの処理は難しいのですが，ここでは一般的で簡単な，箱ヒゲ図によって判断する方法を紹介します。

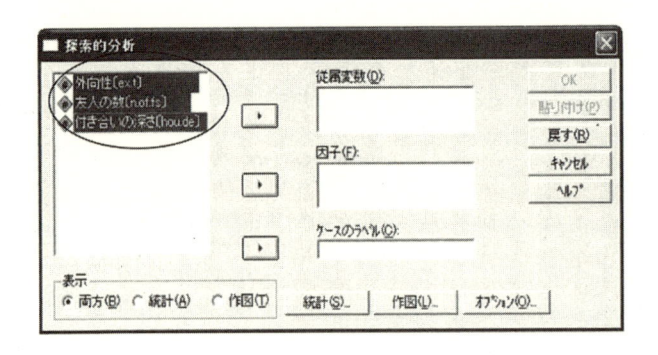

『分析』→『記述統計』→『探索的』を選ぶと、図のような画面になりますから、『従属変数』の欄に分析予定のすべての変数を選択し、『統計』から一応記述統計量と極地も表示させるようにしましょう。あとはそのまま『OK』ボタンを押せば表示されるはずです。

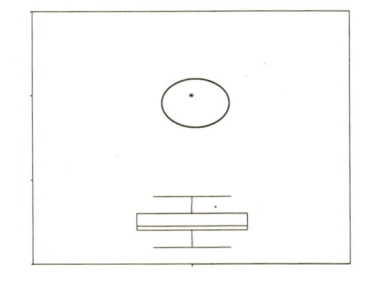

各変数ごとにたくさんのものが表示され、混乱するかもしれませんが、とりあえず図のような箱ヒゲ図を見てください。

これは、外れ値を判断する場合によく使われるもので、外れデータは上下にのびたひげのような範囲に納まらないデータとして表示されます。図では（見にくいですが）5番の被験者が一人だけ親しい友人の数を20人とかなり多く答えていることがわかります（出力の『極値』をみると値がわかります）。

あまりにも極端な回答ですし、また親しい友人が20人もいるというのは考えにくいですから、この人のデータは今後の分析には含めないことにします。データビューで被験者番号を右クリックして5番の被験者のデータをすべて除いてしまいましょう。

もし外れ値などの不良データを除いて分析した場合、レポートにはいくつの

データをどんな基準で除いたか簡単に触れてください。

（例）『以下の分析では，外れ値の分析により1名の被験者を分析の対象から除いて分析を行った。』

4. 相関係数の算出

いよいよ相関係数の算出です。『分析』→『相関』→『2変量』でメニューを選び，見たい変数のペアを変数ボックスに入れます。今回は3つの変数同士の関係を一度に見てしまうことにします。迷うのは『有意差の検定』を片側で行うか両側で行うかでしょうが，これは仮説によります。くわしくは2章を参照してください。（補足：相関係数が有意であるか否かの検定には，t分布が用いられます。自由度は，$N-2$で計算できます。）

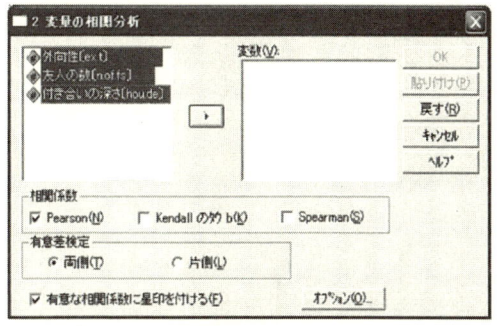

例えば外向性と友人の数の間の相関係数は＋0.514で，このデータでは外向性が高い人ほど友人の数が多い（または友人の数が多いほど外向性が高くなる）ようです。相関係数は＋1から－1の値をとりますから，これは中程度の関係があるといえる値です。ここで『グラフ』→『散布図』を選び，この2つの関係を図示させると理解を助けるので必ず行ってください。

表の値の右にアステリスク（*）がついていますが，これは相関係数が0であるという帰無仮説が5%の有意水準で棄却されたことを示しています（両側検定）．つまり，相関係数が有意であったということです。ですから，レポートにまとめるときは相関係数に加えて，次のようなことも書くと説得力が増します。

相関係数

		外向性	友人の数	付き合いの深さ
外向性	Pearson の相関係数	1.000	.514*	-.740**
	有意確率（両側）	.	.020	.000
	N	20	20	20
友人の数	Pearson の相関係数	.514*	1.000	-.542*
	有意確率（両側）	.020	.	.014
	N	20	20	20
付き合いの深さ	Pearson の相関係数	-.740**	-.542*	1.000
	有意確率（両側）	.000	.014	.
	N	20	20	20

*. 相関係数は 5% 水準で有意（両側）です。
**. 相関係数は 1% 水準で有意（両側）です。

「外向性得点と友人の数との間の相関係数を算出したところ，有意な正の相関が見られた（$r=.51$, $p<.05$）。」

友人との付き合いの深さと外向性得点との間の相関は－0.740で，より強い1%水準で相関が認められました。ですから，

「外向性得点と付き合いの深さ得点との間の相関係数を算出したところ，有意な強い負の相関が見られた（$r=-.74$, $p<.01$）。」

のようにまとめて，より強い相関をアピールします。有意な相関が認められなかったときは『（$r=.08$, $n.s.$）』のように書きます。多くの学術雑誌でもこのような記述法がよく用いられていますので確認してみてください。検定については，第2章で説明しています。

5. 相関係数に関連した統計

相関係数に類似した分析法に回帰分析があります。この方法を用いることで，例えば友人の数と付き合いの深さから外向性を予測する，といったモデルを確かめることができます。詳しくは第6章を見てください。

6. レポートへの記述例

結果をレポートにまとめる際の例を記します。相関研究の場合，グラフは出しにくいのですが，紙数に余裕があれば散布図を載せてもいいでしょう。その他の記述については第2章に注意点が書かれています。

> 被験者20人にそれぞれ親しい友人の数を答えてもらい，また〇〇尺度（引用元）を用いてそれぞれの外向度得点を産出した。親しい友人を挙げる際，・・・などの基準をあげ，被験者ごとの親しい友人の認知がずれないように配慮した。また，その中で最も親しい友人とのつきあいの深さについても尋ねた（以下付き合いの深さ得点）。
>
> 外れ値の分析から1名の被験者のデータを除き，以下の分析では19名のデータを用いた。結果は表1のようになっている（表1省略）。これらの数値の間の関係をみるため，すべての組み合わせに対して相関係数を産出した。結果は表2に示す（表2省略，前のページ前のSPSSの出力を編集したものでよい）。
>
> 外向性得点と友人の数との間の相関係数を算出したところ，有意な正の相関が見られた（$r=.51$, $p<.05$）。外向性得点と付き合いの深さ得点との間の相関係数には，有意な強い負の相関が示されている（$r=-.74$, $p<.01$）。また，友人の数と付き合いの深さ得点との間には，有意な負の相関が見られた（$r=-.54$, $p<.05$）。

第4章 分散分析

(ANOVA：Analysis of Variance)

佐藤宏平・都築誉史

1．どんなときに分散分析を使うのか？―3つ以上の平均の比較の分析―

　第2章で扱った t 検定は，「2つの平均値の間に見られる差が偶然に起こったものである（帰無仮説）確率は5％や1％を下回っているので，偶然に起こったものではないと考えても良さそうだ」といったことを確認するための検定法でした。つまり，平たく言えば「2つの平均値を比較し，差があるかどうかを調べるための検定」でした。

　しかし，心理学のレポート課題や卒論では，3つ以上のグループの平均を比較したい場合がしばしば出てくるでしょう。例えば，「抑うつ得点が低い人と中程度の人と高い人で，それぞれの友人との心理的距離を調べる」といった場合です。このような場合には，t 検定は使うことができません。代わりに分散分析を使用します。

　独立変数が従属変数にどのような影響を及ぼすかに関して実験を行い，分散分析によって結果を整理することは，実験心理学の中心的な研究方法です。岡太・都築・山口（1995）や弓野（1985）には，分散分析（および，実験計画法）の数理について簡潔な説明がありますので参照してください。また，SPSSを用いて分散分析と多重比較を行う際には，石村（1997）が参考になります。

2．分散分析のさまざま

　3つ以上の平均の比較に分散分析を用いるわけですが，3つ以上の平均を比較するといってもいくつかの場合が考えられます。実用的には，一要因(one factor または一元配置)分散分析，二要因分散分析，三要因分散分析までで十分でしょう。

一要因分散分析は，友人との心理的距離を従属変数にして，抑うつの要因（低群・中群・高群）を独立変数とする場合などのように，独立変数が1つの場合に使います。この例の場合，抑うつという1つの要因に，低群，中群，高群と3つのグループがありますが，要因の中の比較したいグループを水準と呼びます。ここでは3つのグループ（条件）がありますから三水準です。
　一方，二要因分散分析は，先ほどの抑うつ要因（低群・中群・高群）に加えて，性別要因（男性・女性）を独立変数として取り上げる場合などに用います。この場合，抑うつ要因が三水準で，性別要因が二水準です。同じように三要因分散分析やそれ以上の分散分析もありますが，結果の解釈が非常にやっかいになってしまいます。本書では，基本的な一要因分散分析と二要因分散分析を扱うことにします。
　ところで，第2章のt検定を思い出してみてください。対応のあるデータの場合と対応のないデータの場合で（これらの違いは，データを一対ずつ比較するかしないかの違いでした），それぞれ違ったt検定を用いました。分散分析でもt検定と同様に異なる分散分析を行う必要があります。一般に，対応のあるデータを用いる被験者内計画は，分析の検定力が高く（つまり有意になりやすい），被験者数も少なくて済みます。また，被験者間計画と異なり，グループ間のマッチング（グループの属性を等質に保つこと）をしなくとも済みます。これらの言葉の意味がわからない人は，第2章の8節を参考にしてください。しかしながら，一方で，被験者内計画の実験は，順序効果を相殺するためにカウンターバランスなどの手続きが必要になります。また，分散分析の理解を難しくしている，対応があるとか対応がない，くりかえし[1]といった用語は，いくつかの違う呼び方があ

---

[1] 「対応がある」や「反復測定」と「くりかえしのある（replicated）」は同義ですが、実験計画の祖であるフィッシャーが、実験の精度の向上のために打ち出した3つの原則のなかの「くりかえし（repeated）の数」という概念とは別です。こちらは被験者の数（n）を意味しています。「くりかえし」という同一の訳語が与えられているため誤解しやすいので注意してください。テキストによっては、後者の意味でくりかえしのない分散分析という表記を使っている場合があります。この場合はn=1の分散分析を示しているので、反復測定の分散分析とは異なっています。

ります。第2章の末尾にそれらがまとめられていますから，混乱したときはそれを参考にしてください。

　対応のある分散分析や，被験者内計画の分散分析，くりかえしのある分散分析，反復測定の分散分析などは，いずれも同じ意味で使用されます。一要因分散分析では，対応ありの分散分析か対応なしの分散分析かしかありませんが，二要因分散分析の場合，対応があり×あり，なし×なしの他に，なし×あり（もしくは，あり×なし）という個人間と個人内の混合タイプの分散分析があり，3つに分けられますので，一要因と二要因の分散分析ではあわせて5つのパターンに分類されることになります。なお，「対応あり」の分散分析をSPSSで行う場合，SPSS BASEの他にAdvanced Modelsがインストールされていることが必要です。さて，実際にそれぞれの分散分析をSPSSを使って行う前に，どのような場合にどの分散分析を行うのか，フローチャートで確認します。

分散分析フローチャート

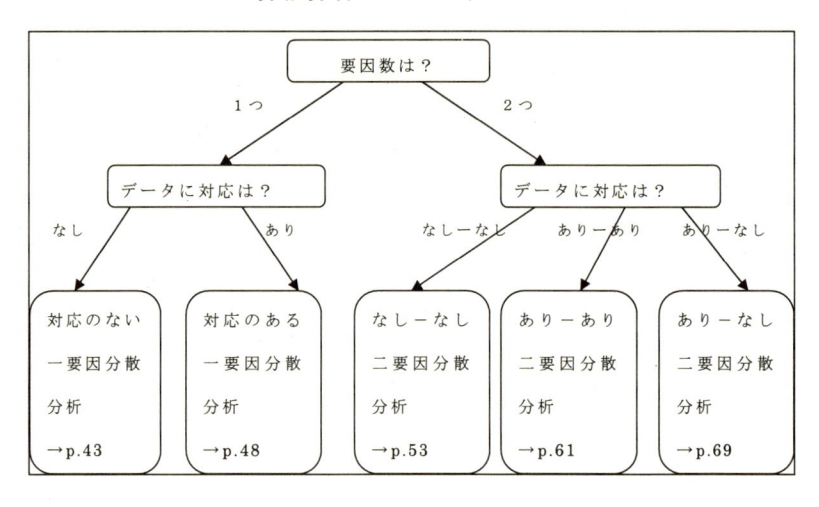

```
                    要因数は？
                  ／         ＼
                1つ           2つ
                ／             ＼
          データに対応は？    データに対応は？
          ／      ＼         ／    ｜    ＼
        なし    あり    なし-なし あり-あり あり-なし
         ↓       ↓        ↓        ↓        ↓
       対応のない 対応のある なし-なし あり-あり あり-なし
       一要因分散 一要因分散 二要因分散 二要因分散 二要因分散
         分析      分析      分析      分析      分析
        →p.43    →p.48    →p.53    →p.61    →p.69
```

3. 結果の解釈の大まかな流れ

一要因分散分析では，対応のある，ないにかかわらず，有意な差があるかどうかをまず確認します。有意な差が見られた場合には，多重比較（いくつかの種類があります）と呼ばれる検定を行い，どことどこに差が見られたのかを調べることになります。

二要因分散分析の場合は，交互作用が有意かどうかが重要です。交互作用が有意な場合には，単純主効果を算出して，検討することになります。また交互作用が有意でないけれども，どちらか一方もしくは両方の要因の主効果が有意である場合もあるでしょう。この場合，少なくともどちらか一方の要因が三水準以上である場合には，多重比較を行う必要があります。しかし，2×2の場合には多重比較は必要ありません。2×2の分散分析の場合，値の大小関係の有意性は主効果が保障します。

ここまで分散分析の概略を述べてきましたが，「習うより慣れろ」というわけで，実際にSPSSを使って分散分析を行ってみましょう。

4. 対応のない一要因分散分析の手順
【ステップ1】データを入力する

SPSS を起動して，データを入力するか，もしくは，エクセルからインポートします。インポートや変数をつける作業に関しては本書第2章の「データの入力と加工」を参照してください。右のサンプルデータは一部です。実際には，変数Aの1, 2の数（設定されている群のサイズ）は等しくなっています。

□対応のない一要因分散分析の例

変数A	変数B
1	10
1	8
1	7
1	9
1	12
1	10
1	15
1	9
1	13
1	12
2	20
2	18

【ステップ2】分析を設定する

『分析』-『平均の比較』-『一元配置分散分析』を選択します。

【ステップ3】変数を指定する

　左側に変数が並んでいますので，独立変数となる『変数a』をクリックして，矢印をクリックします。すると下の図のように因子の欄に変数が入るはずです。これで独立変数が設定されました。

　次に従属変数を設定します。同じように左側の変数の並んだ欄から従属変数を選択して，『従属変数リスト』の欄の矢印ボタンをクリックします。すると『変数b』が『従属変数リスト』の欄に入ります。もし間違って変数を右に入れてしまっても，右の欄で変数を選び，逆になった矢印ボタンをクリックすれば，その変数は左側の欄へ戻ります。これで，独立変数と従属変数が設定されました。

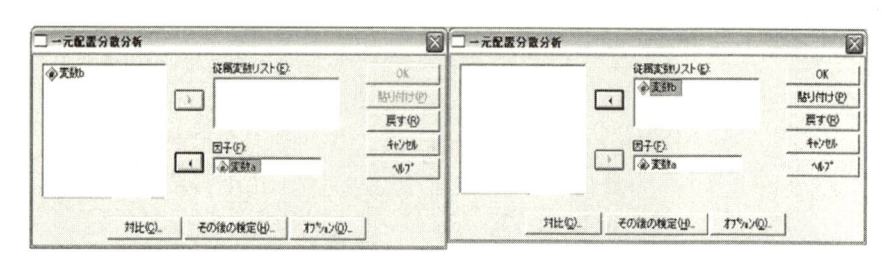

【ステップ4】多重比較の検定を選択する

多重比較のために，『その後の検定』をクリックし，等分散が仮定されている場合とされていない場合それぞれにいくつか検定を選択しチェックを入れます。今回は，説明のため等分散が仮定されている場合の検定として『Bonferroni』を用います。等分散が仮定されていない場合の検定として『Tamhane』を選び，チェックボックスをオンにします。そして『続行』をクリックします。多重比較の選び方については9節を見てください。

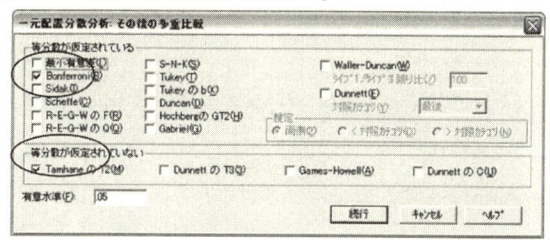

【ステップ5】平均値や標準偏差の表示，等分散検定，グラフの表示を指定する

次に，『オプション』をクリックして，下の画面が現れたら，『記述統計量』と『等分散性の検定』にチェックを入れておきます。また『平均のプロット』にもチェックを入れておきましょう。そして『続行』をクリックします。

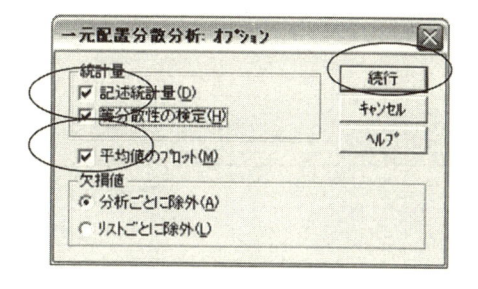

【ステップ6】分散分析を実行する

さて設定はこれでおしまいです。『OK』をクリックします。分散分析の結果が出力されます。

45

【ステップ7】結果の読みとり

①まずはじめの統計量は平均値と標準偏差です。

記述統計量

変数B

	度数	平均値	標準偏差	標準誤差	平均値の95% 信頼区間 下限	上限	最小値	最大値
1.00	10	10.5000	2.4608	.7782	8.7396	12.2604	7.00	15.00
2.00	10	21.3000	3.3350	1.0546	18.9143	23.6857	17.00	27.00
3.00	10	16.1000	2.6437	.8360	14.2088	17.9912	12.00	22.00
合計	30	15.9667	5.2554	.9595	14.0043	17.9291	7.00	27.00

②次は3つのグループの分散が等しいという帰無仮説を検定しています。分散分析は，比較する各グループの分散が等しいことが分析の条件ですので，この値が「.05」未満の場合，3つのグループの分散に差が見られることになり，好ましくありません。しかし「.05」未満であっても，好ましくはありませんが，とりあえず次に進みましょう[2]。

等分散性の検定

変数B

Levene 統計量	自由度1	自由度2	有意確率
1.068	2	27	.358

③この値が，分散分析の結果です。.05未満ですので，分散分析の結果は有意です。

分散分析

変数B

	平方和	自由度	平均平方	F値	有意確率
グループ間	583.467	2	291.733	36.215	.000
グループ内	217.500	27	8.056		
合計	800.967	29			

---

[2] 分散分析は、グループ間の分散が等質でなくとも、それほど結果が変わらない（頑健である）と言われています。ですから、このような場合でも、ベストではありませんがそのまま分析を続けてしまってかまわないでしょう。

④さて，多重比較の表です。先ほど，等分散の検定を行っていましたが，等分散の仮定が棄却されませんでしたので，Bonferroniの結果を参照します（もし等分散の仮定が棄却されたら，つまり先ほどの値が.05未満であれば，Tamhaneの結果を参照してください）。結果は，1と2，2と3，3と1のすべてのグループの間で有意となっています。

多重比較

従属変数: 変数B

	(I) 変数A	(J) 変数A	平均値の差 (I-J)	標準誤差	有意確率	95% 信頼区間 下限	上限
Bonferroni	1.00	2.00	−10.8000*	1.2693	.000	−14.0398	−7.5602
		3.00	−5.6000*	1.2693	.000	−8.8398	−2.3602
	2.00	1.00	10.8000*	1.2693	.000	7.5602	14.0398
		3.00	5.2000*	1.2693	.001	1.9602	8.4398
	3.00	1.00	5.6000*	1.2693	.000	2.3602	8.8398
		2.00	−5.2000*	1.2693	.001	−8.4398	−1.9602
Tamhane	1.00	2.00	−10.8000*	1.2693	.000	−14.2790	−7.3210
		3.00	−5.6000*	1.2693	.000	−8.6066	−2.5934
	2.00	1.00	10.8000*	1.2693	.000	7.3210	14.2790
		3.00	5.2000*	1.2693	.004	1.6404	8.7596
	3.00	1.00	5.6000*	1.2693	.000	2.5934	8.6066
		2.00	−5.2000*	1.2693	.004	−8.7596	−1.6404

*. 平均の差は .05 で有意

⑤3つの平均値のグラフです。

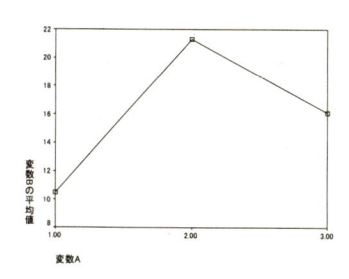

5．対応のある一要因分散分析の手順

【ステップ1】データを入力する

　先ほどと同じような要領で，SPSSを起動して，データを入力するか，もしくは，エクセルからインポートします。インポートや変数をつける作業に関しては本書第1章の「データの入力と加工」を参照してください。くどいようですが，データの入力の形式に注意してください。右のサンプルデータは一部です。

□対応のある一要因分散分析の例

水準1	水準2	水準3
10	20	15
8	18	18
7	18	16
9	23	16
12	20	14
10	25	12
15	27	22
9	17	16
13	21	17
12	24	15

【ステップ2】分析を指定する

『分析』－『一般線形モデル』－『反復測定』を選びます。

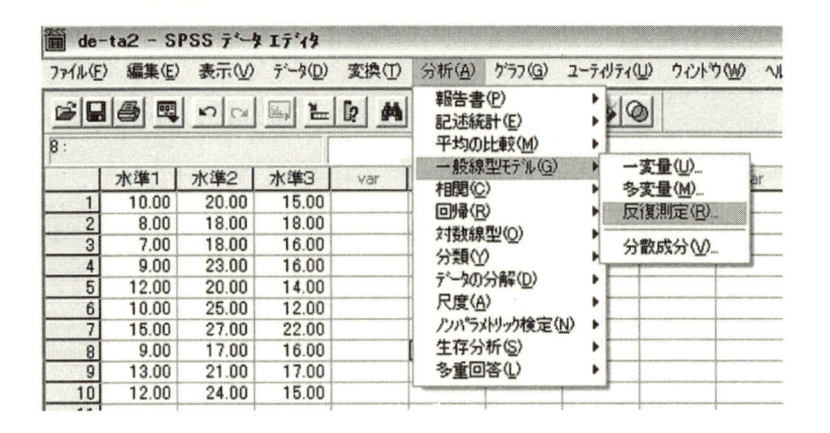

【ステップ3】独立変数を定義する

　被験者内因子名に独立変数名（ここでは要因a）を入力します。そして水準数に，水準の数（ここでは3）を半角で入力します。すると，左側の『追加』が黒くなりますので，『追加』をクリックしましょう。すると下の図のように『要因a（3）』と下の欄に入力されます。そして『定義』をクリックします。

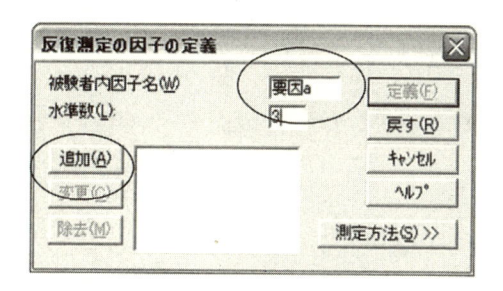

【ステップ4】独立変数を指定する

　左側の欄内の『水準1』をクリックして，被験者内変数の欄の左にある矢印ボタンをクリックします。同じように『水準2』，『水準3』も同様です。すると次のような画面になるはずです。

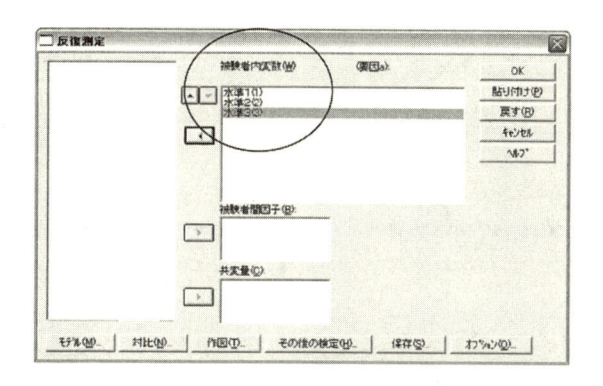

【ステップ5】グラフを指定する

さらにグラフを指定します。『作図』をクリックすると，下のようなダイアログボックスが現れます。左側の因子の欄にある『要因a』をクリックして，横軸の矢印ボタンをクリックします。すると独立変数である要因aが横軸の欄に入りますので，『追加』をクリックしましょう。下の欄に『要因a』が入ったら，『続行』をクリックします。

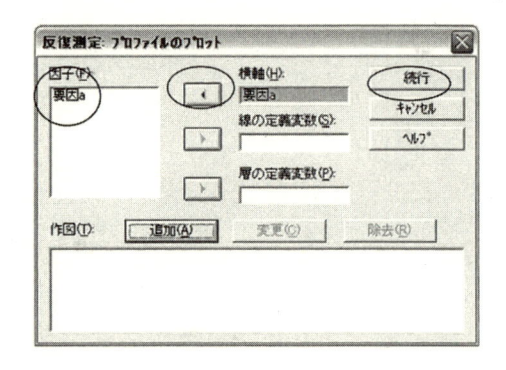

【ステップ6】記述統計量，多重比較を設定する

次に，『オプション』をクリックして，次ページのような画面で，『記述統計量』のチェックボックスをオンにします。また，多重比較を行うために，左側の『因子と交互作用』の欄にある独立変数名である『要因a』を選択して，矢印ボタンをクリックします。すると『要因a』が『平均値』の表示の欄へ入ります。さらに，『主効果の比較』のチェックボックスをオンにして，信頼区間の選択から『Bonferroni』を選択しましょう。図のような画面になったことを確認して，『続行』をクリックします。

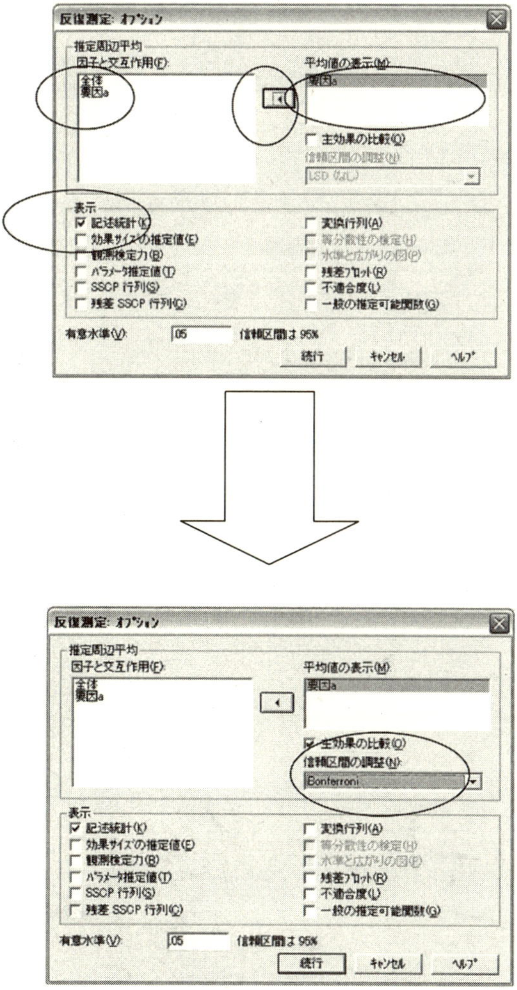
反復測定: オプション
推定周辺平均
因子と交互作用(F):
全体
要因a
平均値の表示(M):
要因a
主効果の比較(O)
信頼区間の調整(N):
LSD (なし)
表示
記述統計(K)
効果サイズの推定値(E)
観測検定力(B)
パラメータ推定値(T)
SSCP 行列(S)
残差 SSCP 行列(C)
変換行列(A)
等分散性の検定(H)
水準と広がりの図(P)
残差プロット(R)
不適合度(L)
一般の推定可能関数(G)
有意水準(V):
.05
信頼区間は 95%
続行
キャンセル
ヘルプ
反復測定: オプション
推定周辺平均
因子と交互作用(F):
全体
要因a
平均値の表示(M):
要因a
主効果の比較(O)
信頼区間の調整(N):
Bonferroni
表示
記述統計(K)
効果サイズの推定値(E)
観測検定力(B)
パラメータ推定値(T)
SSCP 行列(S)
残差 SSCP 行列(C)
変換行列(A)
等分散性の検定(H)
水準と広がりの図(P)
残差プロット(R)
不適合度(L)
一般の推定可能関数(G)
有意水準(V):
.05
信頼区間は 95%
続行
キャンセル
ヘルプ

【ステップ7】分散分析の実行

先ほどの画面にもどったら,『OK』をクリックします。

【ステップ8】結果の読みとり

①まず,記述統計量の表で平均値と標準偏差を確認しましょう。

記述統計量

	平均値	標準偏差	N
水準1	10.5000	2.4608	10
水準2	21.3000	3.3350	10
水準3	16.1000	2.6437	10

②次に,分散分析結果に注目します。1%水準で有意です。

被験者内効果の検定

測定変数名: MEASURE_1

ソース		タイプIII 平方和	自由度	平均平方	F値	有意確率
要因A	球面性の仮定	583.467	2	291.733	59.763	.000
	Greenhouse-Geisser	583.467	1.530	381.384	59.763	.000
	Huynh-Feldt	583.467	1.780	327.745	59.763	.000
	下限	583.467	1.000	583.467	59.763	.000
誤差(要因A)	球面性の仮定	87.867	18	4.881		
	Greenhouse-Geisser	87.867	13.769	6.382		
	Huynh-Feldt	87.867	16.022	5.484		
	下限	87.867	9.000	9.763		

③ここが多重比較の結果を示す箇所です。すべての水準の間に1%水準で有意な差があることを示しています。

ペアごとの比較

測定変数名: MEASURE_1

(I) 要因A	(J) 要因A	平均値の差 (I-J)	標準誤差	有意確率 a	差の95%信頼区間 下限	上限
1	2	-10.800*	.786	.000	-13.106	-8.494
	3	-5.600*	.897	.000	-8.231	-2.969
2	1	10.800*	.786	.000	8.494	13.106
	3	5.200*	1.227	.007	1.599	8.801
3	1	5.600*	.897	.000	2.969	8.231
	2	-5.200*	1.227	.007	-8.801	-1.599

推定周辺平均に基づいた
*. 平均値の差は .05 水準で有意です。
a. 多重比較の調整: Bonferroni.

④平均値のグラフを出力しています。

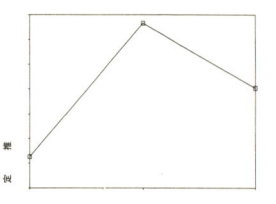

6．対応のない×対応のない二要因分散分析の手順

【ステップ1】データを入力する

　これまでと全く同じような要領で、SPSSを起動して、データを入力するか、もしくは、エクセルからインポートします。インポートや変数をつける作業に関しては本書第1章の「データの入力と加工」を参照してください。また今回はこれまでとはデータの形が違っています。注意してください。右のサンプルデータは一部です。

□対応のない－対応のない二要因分散分析の例

変数a	変数b	変数c
1	1	10
1	1	8
1	1	7
1	1	9
1	1	12
1	2	10
1	2	15
1	2	9
1	2	13
1	2	12
2	1	20

【ステップ2】分析の指定

　次に、『分析』－『一般線形モデル』－『一変量』を選択します。

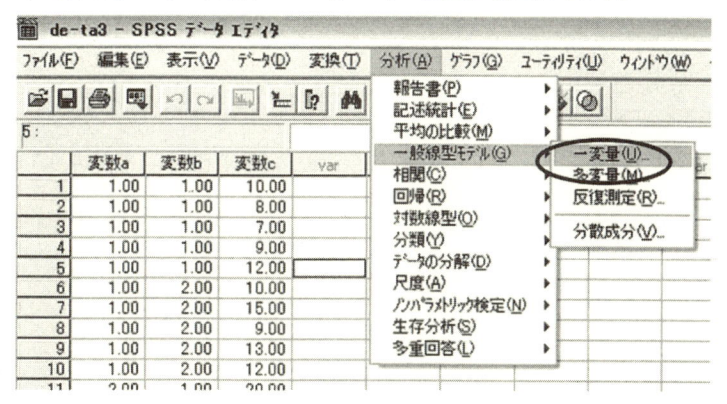

【ステップ3】独立変数の指定

これまでと同じように、左側の独立変数の『変数a』と『変数b』を、矢印をクリックして『固定因子』の欄に入れます。そして、従属変数の『変数c』を『従属変数』の欄に同様に入れます。右下の図のようになるのを確認してください。

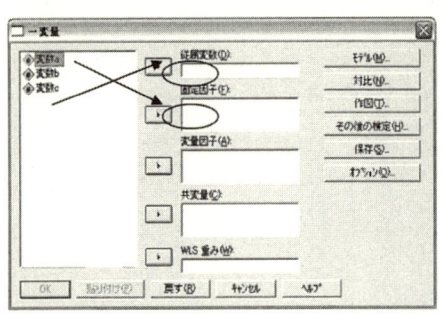

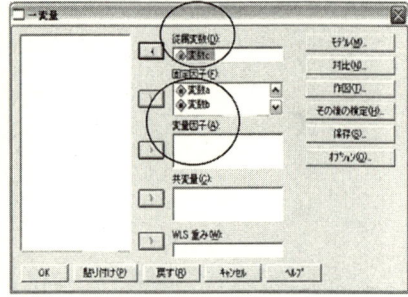

【ステップ4】グラフの指定

次にグラフの指定をしましょう。まず『作図』をクリックします。次に横軸に表記したい変数（変数a）をクリックして、矢印ボタンで『横軸』の欄へ入れます。同様に、線で表現したい変数（変数b）を矢印ボタンで『線の定義』の欄へ入れます。そして『追加』をクリックして、下の欄にいれましょう。すると右下の図のようになると思います。そして『続行』をクリックします。

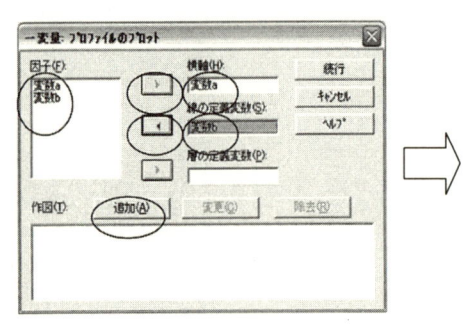

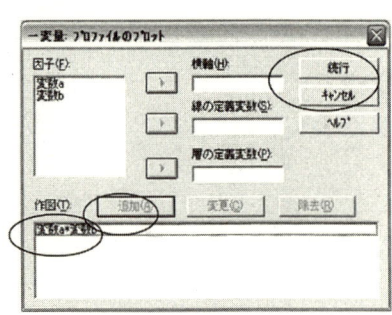

【ステップ5】多重比較を指定する

　次に『その後の検定』をクリック。『変数b』は2水準なので多重比較は必要ありません。ここでは、水準数が3である変数aの多重比較を指定します。まず左側の『因子』の欄にある『変数a』をクリックして、矢印をクリックします。すると、『変数a』が『その後の検定』の欄に入ります。次に、『Bonferroni』と『Tamhane』のチェックボックスをオンにしておきましょう。今回はこれを例に説明します。そして『続行』をクリックします。多重比較の選び方については9節で説明します。

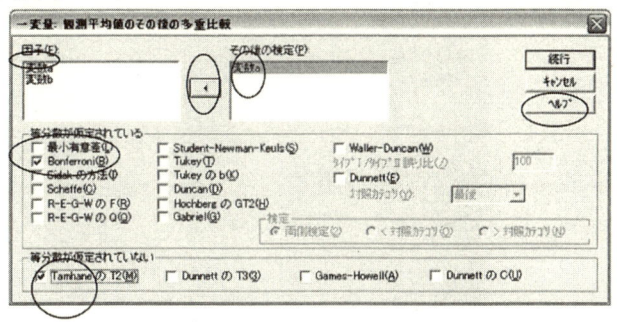

【ステップ6】記述統計量、等分散の検定を指定する

　『オプション』をクリックして、『記述統計量と等分散の検定』のチェックをオンにしておきます。そして『続行』をクリックします。

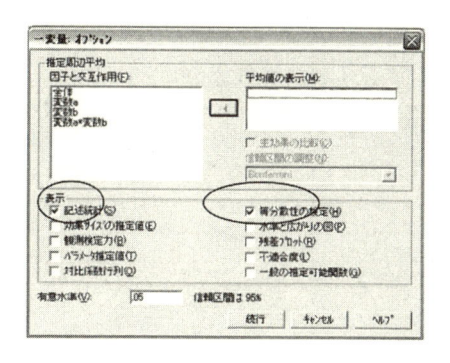

【ステップ7】分析の実行

『OK』をクリックすると分析を実行します。

【ステップ8】結果の読みとり

①まずはじめの統計量は平均値と標準偏差です。これは問題ないでしょう。

記述統計量

従属変数: 変数C

変数A	変数B	平均値	標準偏差	N
1.00	1.00	9.2000	1.9235	5
	2.00	11.8000	2.3875	5
	総和	10.5000	2.4608	10
2.00	1.00	19.8000	2.0494	5
	2.00	22.8000	3.8987	5
	総和	21.3000	3.3350	10
3.00	1.00	15.8000	1.4832	5
	2.00	16.4000	3.6469	5
	総和	16.1000	2.6437	10
総和	1.00	14.9333	4.8324	15
	2.00	17.0000	5.6188	15
	総和	15.9667	5.2554	30

②次は3つのグループの分散が等しいという帰無仮説を検定しています。分散分析は、比較する各グループの分散が等しいことが分析の条件ですので、この値が.05未満の場合、3つのグループの分散に差が見られることになり、好ましくありませんが、先ほどと同じように.05未満であっても、とりあえず次に進みましょう。

Levene の誤差分散の等質性検定[a]

従属変数: 変数C

F 値	自由度1	自由度2	有意確率
1.175	5	24	.350

従属変数の誤差分散がグループ間で等しいという帰無仮説を検定します。

a. 計画: Intercept+変数A+変数B+変数A * 変数B

③ここが、分散分析の結果を示す箇所です。まず交互作用に着目します。交互作用に交互作用は有意ではありません。次に要因aと要因bの主効果に着目します。結果では変数aの主効果が1％水準で、また変数bの主効果が5％水準で有意です。

被験者間効果の検定

従属変数: 変数C

ソース	タイプⅢ 平方和	自由度	平均平方	F値	有意確率
修正モデル	623.767a	5	124.753	16.897	.000
Intercept	7648.033	1	7648.033	1035.851	.000
変数A	583.467	2	291.733	39.512	.000
変数B	32.033	1	32.033	4.339	.048
変数A * 変数B	8.267	2	4.133	.560	.579
誤差	177.200	24	7.383		
総和	8449.000	30			
修正総和	800.967	29			

a. R2乗 = .779 (調整済みR2乗 = .733)

④次に要因aの主効果が有意意であったので要因aの3つの水準間の多重比較の結果に着目します。主効果が有意でない場合は基本的に多重比較を行ってはいけません。要因a変数aの3水準すべての間に有意な差が見られています。

多重比較

従属変数 変数C

	(I) 変数A	(J) 変数A	平均値の差(I-J)	標準誤差	有意確率	95% 信頼区間 下限	上限
Bonferroni	1.00	2.00	-10.8000*	1.2152	.000	-13.9274	-7.6726
		3.00	-5.6000*	1.2152	.000	-8.7274	-2.4726
	2.00	1.00	10.8000*	1.2152	.000	7.6726	13.9274
		3.00	5.2000*	1.2152	.001	2.0726	8.3274
	3.00	1.00	5.6000*	1.2152	.000	2.4726	8.7274
		2.00	-5.2000*	1.2152	.001	-8.3274	-2.0726
Tamhane	1.00	2.00	-10.8000*	1.2152	.000	-14.2790	-7.3210
		3.00	-5.6000*	1.2152	.000	-8.6066	-2.5934
	2.00	1.00	10.8000*	1.2152	.000	7.3210	14.2790
		3.00	5.2000*	1.2152	.004	1.6404	8.7596
	3.00	1.00	5.6000*	1.2152	.000	2.5934	8.6066
		2.00	-5.2000*	1.2152	.004	-8.7596	-1.6404

観測された平均に基づく。
*. 平均値の差は .05 水準で有意です。

⑤グラフです。

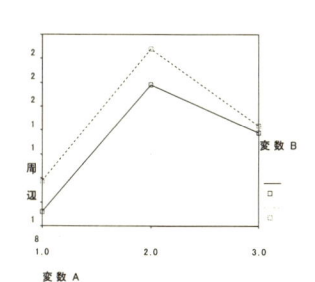

57

【ステップ9】交互作用がみられた場合・・・単純主効果の検定

　上記の例では、交互作用は見られず、主効果のみが有意でした。しかし、交互作用が有意の場合には、主効果はあまり意味を持ちません。交互作用が有意であるときには、各水準ごとの単純主効果を検定します。例えば、変数aが1の人だけで変数bの主効果を見るなどです。先ほどの例は交互作用が有意でなく、変数aと変数bの主効果が有意となるデータでしたので、ここでは交互作用が有意な例をもとに説明します。

① 交互作用が見られた場合、再びデータの画面に戻り、先ほどのステップ2で分析を指定します。すると下のような画面になり、すでにステップ3からステップ6までが行われた状態になっているはずです（新しいデータを使用している場合や、一度SPSSを終了した場合には、再びステップ1からステップ6までを繰り返して、ステップ6までを済ませた状態にしてください）。そして先ほどは手順7で『OK』をクリックし分散分析を実行しましたが、今回はそれをせずに、『OK』の右隣にある『貼りつけ』をクリックします。すると以下のシンタックスエディタが立ち上がります。

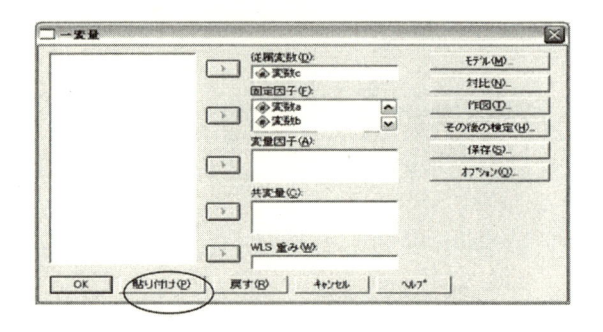

②このシンタックスエディタ画面には、以下のようなコマンドが記入されているはずです。

```
UNIANOVA
変数c  BY 変数a 変数b
/METHOD = SSTYPE(3)
/INTERCEPT = INCLUDE
/PLOT = PROFILE( 変数a*変数b )
/EMMEANS = TABLES(変数a) COMPARE ADJ(BONFERRONI)
/PRINT = DESCRIPTIVE HOMOGENEITY
/CRITERIA = ALPHA(.05)
/DESIGN = 変数a 変数b 変数a*変数b .
```

ここの「 /EMMEANS＝・・・・」の行と「 /PRINT＝・・・」の行との間に以下の2行を追加します。
/EMMEANS_=_TABLES(変数a*変数b)_COMPARE(変数a)_ADJ(BONFERRONI)
/EMMEANS_=_TABLES(変数a*変数b)_COMPARE(変数b)_ADJ(BONFERRONI)
波線部分は半角のスペースが入りますので注意してください（入力には波線は必要ありません）。余計なスペースやスペリングミスがあるときちんと実行されませんので、間違いがないかよく確認してください。すると次のような画面になります。そして、『実行』－『すべて』をクリック。

【ステップ10】単純主効果の結果の見方

① まず『ペアごとの比較』に注目します。ここでは変数bを固定した際の変数aの各水準を比較しています。今回の結果では変数bの水準にかかわらず、変数aのすべての水準の間に1％、5％水準で有意な差が見られています。

ペアごとの比較

従属変数: 変数C

変数B	(I) 変数A	(J) 変数A	平均値の差 (I-J)	標準誤差	有意確率	差の95% 信頼区間 下限	差の95% 信頼区間 上限
1.00	1.00	2.00	-10.600*	1.451	.000	-14.335	-6.865
		3.00	-6.600*	1.451	.000	-10.335	-2.865
	2.00	1.00	10.600*	1.451	.000	6.865	14.335
		3.00	4.000*	1.451	.033	.265	7.735
	3.00	1.00	6.600*	1.451	.000	2.865	10.335
		2.00	-4.000*	1.451	.033	-7.735	-.265
2.00	1.00	2.00	5.800*	1.451	.002	2.065	9.535
		3.00	-4.600*	1.451	.012	-8.335	-.865
	2.00	1.00	-5.800*	1.451	.002	-9.535	-2.065
		3.00	-10.400*	1.451	.000	-14.135	-6.665
	3.00	1.00	4.600*	1.451	.012	.865	8.335
		2.00	10.400*	1.451	.000	6.665	14.135

推定周辺平均に基づいた
*. 平均値の差は .05 水準で有意です。
a. 多重比較の調整: Bonferroni.

② もうひとつ同じペアごとの比較が出力されているはずです。ここでは先ほどとは逆に変数aを固定した際の，変数bの各水準間の差を比較しています。変数a1時、変数b1と変数b2との間の差には有意傾向が見られます。また変数a2時、変数b1と変数b2との間には1％水準で有意差が見られます。しかしながら、変数a3時には、変数b1と変数b2との間には有意な差が見られません。

ペアごとの比較

従属変数: 変数C

変数A	(I) 変数B	(J) 変数B	平均値の差 (I-J)	標準誤差	有意確率	差の95% 信頼区間 下限	差の95% 信頼区間 上限
1.00	1.00	2.00	-2.600	1.451	.086	-5.596	.396
	2.00	1.00	2.600	1.451	.086	-.396	5.596
2.00	1.00	2.00	13.800*	1.451	.000	10.804	16.796
	2.00	1.00	-13.800*	1.451	.000	-16.796	-10.804
3.00	1.00	2.00	-.600	1.451	.683	-3.596	2.396
	2.00	1.00	.600	1.451	.683	-2.396	3.596

推定周辺平均に基づいた
*. 平均値の差は .05 水準で有意です。
a. 多重比較の調整: Bonferroni.

③ グラフを出力しています。

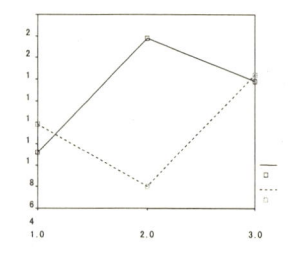

7. 対応のある×対応のある二要因分散分析の手順

【ステップ1】データの入力

先ほどと同じような要領で、SPSSを起動して、データを入力するか、もしくは、エクセルからインポートします。インポートや変数をつける作業に関しては本書第1章の「データの入力と加工」を参照してください。また先ほどとはデータの形が違っています。注意してください。下の例は一部のデータです。

□対応のある－対応のある二要因分散分析の例

変数1a	変数2a	変数3a	変数b1	変数b2	変数b3
10	20	15	10	25	12
8	18	18	15	27	22
7	18	16	9	17	16
9	23	16	13	21	17
12	20	14	12	24	15

【ステップ2】分析の指定

次に、『分析』－『一般線形モデル』－『反復測定』を選択。

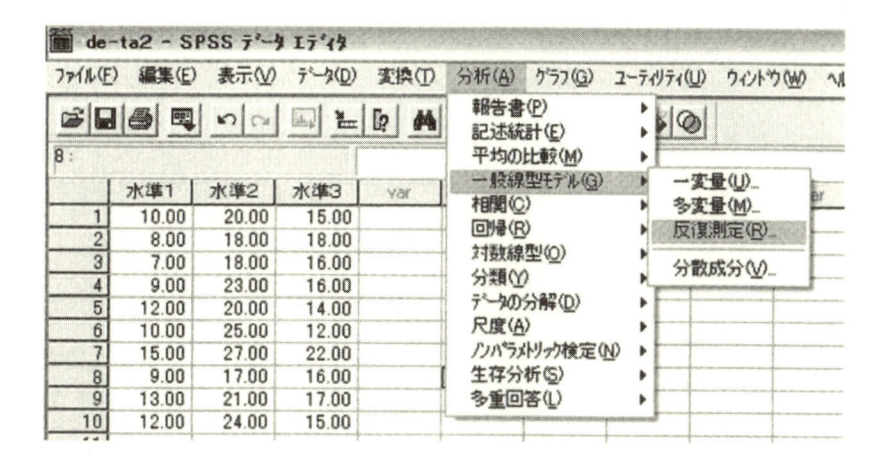

【ステップ3】独立変数の定義

次に、対応のある一要因の分散分析と同じように、被験者内因子名に独立変数名（ここでは要因a）を入力します。そして水準数に、水準の数（ここでは3）を入力します。すると、左側の『追加』ボタンが黒くなりますので、『追加』をクリック。すると以下のように『要因a（3）』と下の欄に入力されます。一要因の分散分析の際はここで『定義』をクリックしましたが、二要因の分散分析では、もう一度同じ手続きを繰り返します。そして右のようになったら『定義』をクリックします。

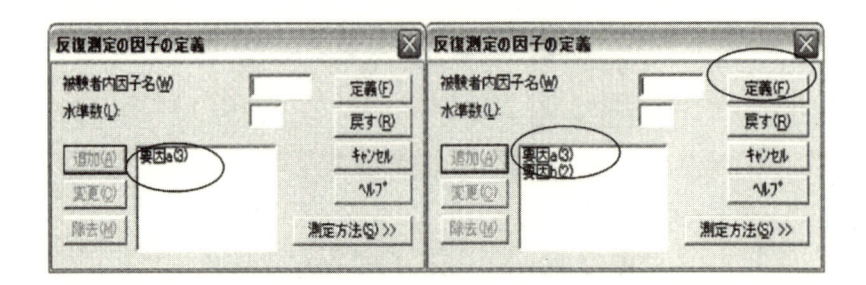

【ステップ4】独立変数の指定

次に、左側の欄内の『変数a1』をクリックして、被験者内変数の欄の左にある矢印ボタンをクリックします。同じように『変数b1』、『変数a2』、『変数b2』、『変数a3』、『変数b3』も同様です。すると右のような画面になるはずです。

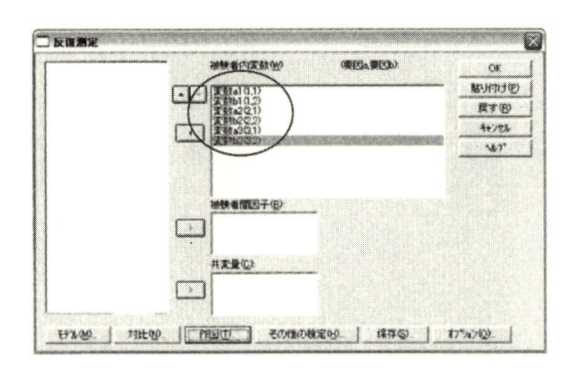

【ステップ5】記述統計量と多重比較の指定

　『オプション』をクリックして、以下のような画面で、『記述統計量』のチェックボックスをオンにします。また要因aは3水準ですから、多重比較を設定しておきましょう。先ほどと同じように、『因子と交互作用』の欄の『要因a』を指定して、矢印をクリック。すると、『要因a』が『平均値の表示』の欄に入ります。そして『主効果の比較』をクリックします。さらに、『Bonferroni』を選びます。そして『続行』をクリック。

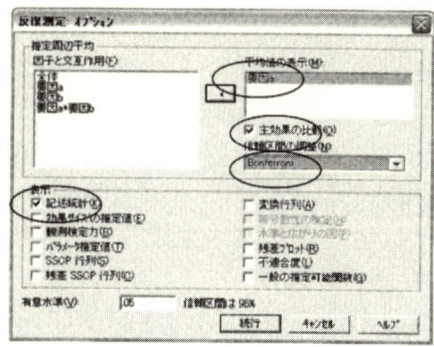

【ステップ6】グラフの指定

　『作図』をクリックして、横軸に表記したい変数（要因a）をクリックして、矢印ボタンで『横軸』の欄へ入れます。同様に、線で表現したい変数（要因b）を矢印ボタンで『線の定義』の欄へ入れます。そして『追加』をクリックして、下の欄にいれましょう。すると図のようになると思います。そして『続行』をクリックします。

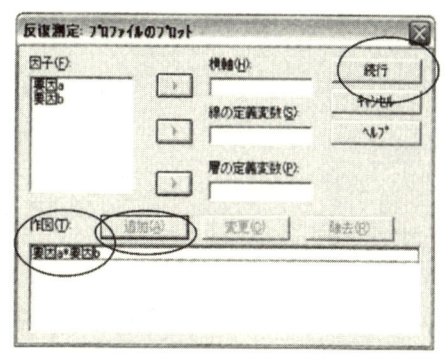

【ステップ7】分析の実行

『OK』をクリック。

【ステップ8】結果の見方

① まず平均値と標準偏差です。

記述統計量

	平均値	標準偏差	N
変数A1	9.2000	1.9235	5
変数B1	11.8000	2.3875	5
変数A2	19.8000	2.0494	5
変数B2	22.8000	3.8987	5
変数A3	15.8000	1.4832	5
変数B3	16.4000	3.6469	5

② 被験者内要因である要因a、要因b及び交互作用の分散分析結果を示しています。まず交互作用の箇所を見ると、.378と有意ではありません。次に主効果を見ていきます。要因aは1％水準で有意ですが、要因bの主効果は有意ではありません。

被験者内効果の検定

測定変数名: MEASURE_1

ソース		タイプIII 平方和	自由度	平均平方	F値	有意確率
要因A	球面性の仮定	583.467	2	291.733	47.117	.000
	Greenhouse-Geisser	583.467	1.174	497.136	47.117	.001
	Huynh-Feldt	583.467	1.369	426.307	47.117	.001
	下限	583.467	1.000	583.467	47.117	.002
誤差(要因A)	球面性の仮定	49.533	8	6.192		
	Greenhouse-Geisser	49.533	4.695	10.551		
	Huynh-Feldt	49.533	5.475	9.048		
	下限	49.533	4.000	12.383		
要因B	球面性の仮定	32.033	1	32.033	3.115	.152
	Greenhouse-Geisser	32.033	1.000	32.033	3.115	.152
	Huynh-Feldt	32.033	1.000	32.033	3.115	.152
	下限	32.033	1.000	32.033	3.115	.152
誤差(要因B)	球面性の仮定	41.133	4	10.283		
	Greenhouse-Geisser	41.133	4.000	10.283		
	Huynh-Feldt	41.133	4.000	10.283		
	下限	41.133	4.000	10.283		
要因A x 要因B	球面性の仮定	8.267	2	4.133	1.100	.378
	Greenhouse-Geisser	8.267	1.212	6.820	1.100	.362
	Huynh-Feldt	8.267	1.457	5.675	1.100	.369
	下限	8.267	1.000	8.267	1.100	.353
誤差(要因Ax要因B)	球面性の仮定	30.067	8	3.758		
	Greenhouse-Geisser	30.067	4.849	6.201		
	Huynh-Feldt	30.067	5.827	5.160		
	下限	30.067	4.000	7.517		

③先ほど交互作用が有意ではなく、要因aは主効果が有意でしたので、要因の多重比較結果を示す『ペアごとの比較』に着目します（要因aの主効果が有意でない場合には特に注目する必要はありません）。要因aの水準1と水準2との間に1％水準、水準1と水準3との間に5％水準で有意な差が見られます。また水準2と水準3との間には有意傾向が見られます。

ペアごとの比較

測定変数名: MEASURE_1

(I) 要因A	(J) 要因A	平均値の差 (I-J)	標準誤差	有意確率[a]	差の95%信頼区間 下限	上限
1	2	-10.800*	.515	.000	-12.839	-8.761
	3	-5.600*	1.187	.028	-10.303	-.897
2	1	10.800*	.515	.000	8.761	12.839
	3	5.200	1.428	.066	-.457	10.857
3	1	5.600*	1.187	.028	.897	10.303
	2	-5.200	1.428	.066	-10.857	.457

推定周辺平均に基づいた
*. 平均値の差は .05 水準で有意です。
a. 多重比較の調整: Bonferroni.

④グラフを出力しています。

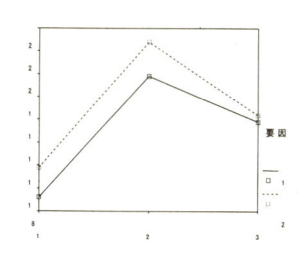

【ステップ9】交互作用がみられた場合・・・単純主効果の検定

　上記の例では、交互作用は見られず、主効果のみが有意でした。しかし、交互作用が有意の場合には、主効果はあまり意味を持ちません。交互作用が有意であるときには、各水準ごとの単純主効果を検定します。先ほどの例は交互作用が有意でなく、変数aと変数bの主効果が有意となるデータでしたので、ここでは交互作用の有意な例をを用います。

①交互作用が見られた場合、再びデータの画面に戻り、先ほどのステップ2で分析を指定します。すでにステップ3からステップ6までが行われた状態になっているはずです（新しいデータを使用している場合や，一度SPSSを終了した場合には、再びステップ1からステップ6までを繰り返して、ステップ6までを済ませた状態にしてください）。そしてここでもう一手間。『オプション』をクリックして、左の『因子と交互作用』欄の、『要因a』、『要因b』、『要因a×要因b』のすべてを右の『平均値の表示』欄に矢印で移動させておきましょう。『主効果の比較』のチェックをオンにし、『Bonferroni』を選択しておきます。そして『続行』をクリックします。

そして『OK』の1つ下にある『貼りつけ』をクリックします。すると次のようなの画面が表示されます。

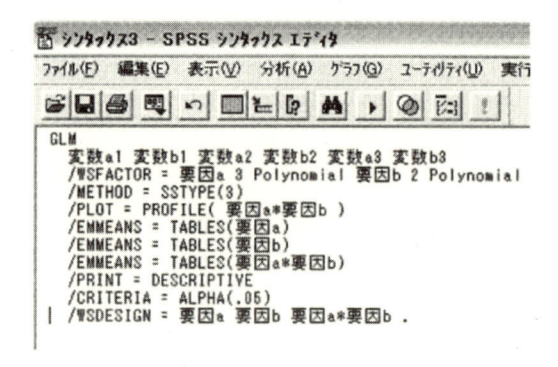

```
シンタックス3 - SPSS シンタックス エディタ
ファイル(F) 編集(E) 表示(V) 分析(A) グラフ(G) ユーティリティ(U) 実行

GLM
    変数a1 変数b1 変数a2 変数b2 変数a3 変数b3
    /WSFACTOR = 要因a 3 Polynomial 要因b 2 Polynomial
    /METHOD = SSTYPE(3)
    /PLOT = PROFILE( 要因a*要因b )
    /EMMEANS = TABLES(要因a)
    /EMMEANS = TABLES(要因b)
    /EMMEANS = TABLES(要因a*要因b)
    /PRINT = DESCRIPTIVE
    /CRITERIA = ALPHA(.05)
    /WSDESIGN = 要因a 要因b 要因a*要因b .
```

②このシンタックスエディタの画面には以下のようなコマンドが記入されているはずです。

　　ここの「　/EMMEANS＝・・・・」の行の末尾に半角スペースを1つ入れて、以下の下線部分を追加します。

GLM
　　変数a1 変数b1 変数a2 変数b2 変数a3 変数b3
　　/WSFACTOR = 要因a 3 Polynomial 要因b 2 Polynomial

```
/METHOD = SSTYPE(3)
/PLOT = PROFILE( 要因a*要因b )
/EMMEANS = TABLES(要因a) COMPARE ADJ(BONFERRONI)
/EMMEANS = TABLES(要因b) COMPARE ADJ(BONFERRONI)
/EMMEANS = TABLES(要因a*要因b)
/PRINT = DESCRIPTIVE
/CRITERIA = ALPHA(.05)
/WSDESIGN = 要因a 要因b 要因a*要因b
```

/EMMEANS_=_TABLES(要因a*要因b) COMPARE(要因a) ADJ(BONFERRONI)
さらに、次の行に、
/EMMEANS_=_TABLES(要因a*要因b) COMPARE(要因b) ADJ(BONFERRONI)
を追加します。

　波線部分は半角のスペースが入りますので注意してください（入力には波線は必要ありません）。余計なスペースやスペリングミスがあるときちんと実行されませんので、間違いがないかよく確認してください。すると下のような画面になります。そして、『実行』－『すべて』をクリックします。

```
GLM
   変数a1 変数b1 変数a2 変数b2 変数a3 変数b3
   /WSFACTOR = 要因a 3 Polynomial 要因b 2 Polynomial
   /METHOD = SSTYPE(3)
   /PLOT = PROFILE( 要因a*要因b )
   /EMMEANS = TABLES(要因a) COMPARE ADJ(BONFERRONI)
   /EMMEANS = TABLES(要因b) COMPARE ADJ(BONFERRONI)
   /EMMEANS = TABLES(要因a*要因b)
   /PRINT = DESCRIPTIVE
   /CRITERIA = ALPHA(.05)
   /WSDESIGN = 要因a 要因b 要因a*要因b .
```

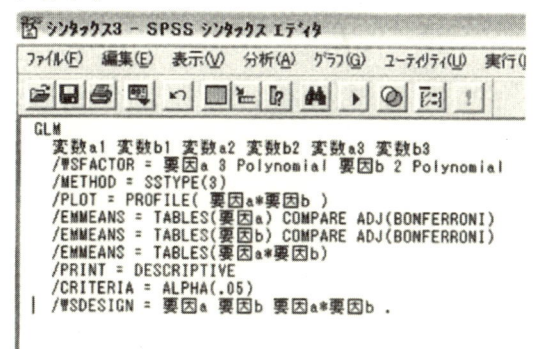

【ステップ10】単純主効果の結果の見方
①まず、『ペアごとの比較』に注目します。変数bの水準を固定したと

きの変数aの各水準での差を調べています。要因b1における要因a2と要因a3を除くすべての水準の間に5％もしくは1％水準で差が見られています。

ペアごとの比較

測定変数名: MEASURE_1

要因B	(I) 要因A	(J) 要因A	平均値の差 (I-J)	標準誤差	有意確率a	差の95% 信頼区間a 下限	上限
1	1	2	-10.600*	.980	.001	-14.481	-6.719
		3	-6.600*	1.435	.030	-12.285	-.915
	2	1	10.600*	.980	.001	6.719	14.481
		3	4.000	1.304	.112	-1.164	9.164
	3	1	6.600*	1.435	.030	.915	12.285
		2	-4.000	1.304	.112	-9.164	1.164
2	1	2	5.800*	1.114	.019	1.389	10.211
		3	-4.600*	1.030	.033	-8.678	-.522
	2	1	-5.800*	1.114	.019	-10.211	-1.389
		3	-10.400*	1.860	.015	-17.767	-3.033
	3	1	4.600*	1.030	.033	.522	8.678
		2	10.400*	1.860	.015	3.033	17.767

推定周辺平均に基づいた
*. 平均値の差は .05 水準で有意です。
a. 多重比較の調整: Bonferroni.

②もう1つ同じペアごとの比較の表が出力されていると思います。形は似ていますが、今度は要因aを固定したときの要因bの各水準間の差を調べています。要因a2のときのみ要因b1と要因b2間に1％水準で有意な差が見られています。

ペアごとの比較

測定変数名: MEASURE_1

要因A	(I) 要因B	(J) 要因B	平均値の差 (I-J)	標準誤差	有意確率	差の95% 信頼区間 下限	上限
1	1	2	-2.600	1.327	.122	-6.283	1.083
	2	1	2.600	1.327	.122	-1.083	6.283
2	1	2	13.800*	1.200	.000	10.468	17.132
	2	1	-13.800*	1.200	.000	-17.132	-10.468
3	1	2	-.600	1.122	.621	-3.717	2.517
	2	1	.600	1.122	.621	-2.517	3.717

推定周辺平均に基づいた
*. 平均値の差は .05 水準で有意です。
a. 多重比較の調整 Bonferroni.

③グラフが出力されています。

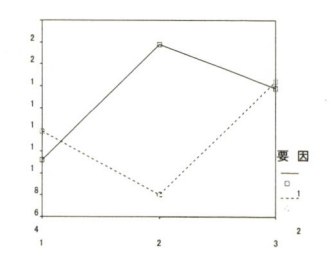

8. 対応のない×対応のある二要因分散分析（混合モデル）の手順

【ステップ1】データの入力

これまでと同じような要領で、SPSSを起動して、データを入力するか、もしくは、エクセルからインポートします。インポートや変数をつける作業に関しては本書第2章の「データの入力と加工」を参照してください。また、対応のあるデータとないデータが混ざっていますから，1章を参考に注意してデータを入力してください。

□対応ある－対応のない二要因分散分析の例

要因a	要因b1	要因b2	要因b3
1	10	20	15
1	8	18	18
1	7	18	16
1	9	23	16
1	12	20	14
2	10	25	12
2	15	27	22

【ステップ2】分析の指定

次に、『分析』－『一般線形モデル』－『反復測定』を選択。

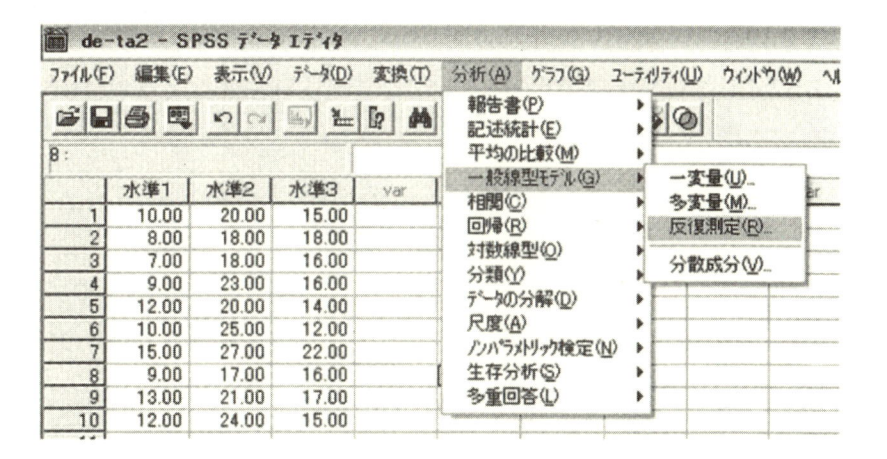

【ステップ3】独立変数の定義

　被験者内の要因は要因bですから、被験者内因子名に『要因b』と入力し、水準数に、水準の数（ここでは3を半角で）入力します。すると、左側の『追加』ボタンが黒くなりますので、『追加』をクリック。すると以下のように『要因b（3）』と下の欄に入力されます。これは対応のある一要因の分散分析の時と同じ手順です。今回は二要因の分散分析ですが、対応のある因子は1つなので、ここで『定義』ボタンをクリック。

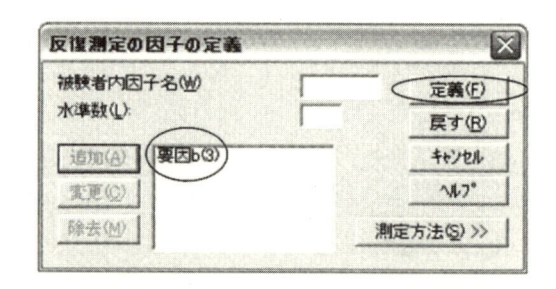

【ステップ4】独立変数の指定

　左側の欄内の『要因b1』をクリックして、『被験者内変数』の欄の左にある矢印ボタンをクリックします。同じように『要因b2』、『要因b3』も同様です。そして、『要因a』を矢印ボタンで『被験者間因子』の欄に入れてやります。

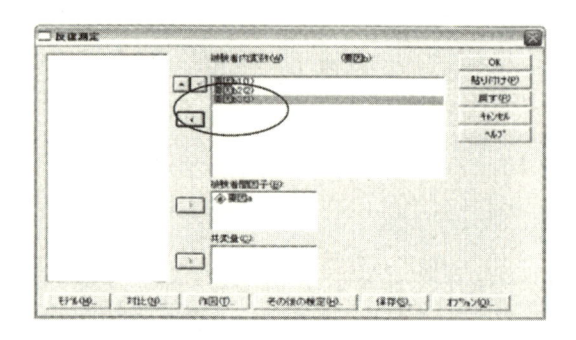

【ステップ5】記述統計量と多重比較の指定

次に、オプションをクリックして、以下のような画面で、『記述統計量』のチェックボックスをオンにします。また要因bは三水準ですから、多重比較を設定しておきましょう。先ほどと同じように、『因子と交互作用』の欄の要因bを指定して、矢印をクリックします。すると、要因bが『平均値の表示』の欄に入ります。そして『主効果の比較』のチェックボックスをオンにし、『信頼区間の調整』の欄の『Bonferroni』を選びます。そして『続行』をクリックします。

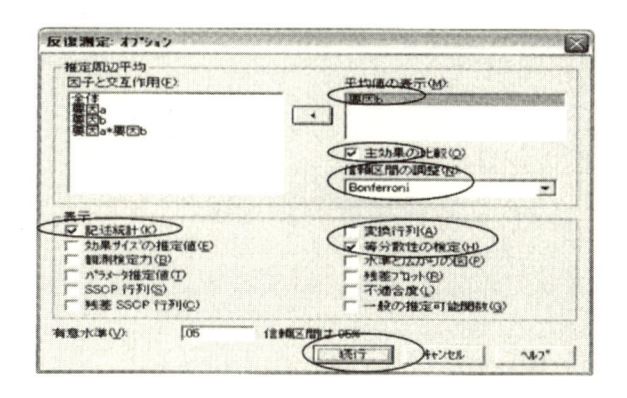

【ステップ6】グラフの指定

『作図』をクリックして、横軸に表記したい変数（要因a）をクリックして、矢印ボタンで『横軸』の欄へ入れます。同様に、線で表現したい変数（要因b）を矢印ボタンで『線の定義』の欄へ入れます。そして『追加』をクリックして、下の欄にいれましょう。すると図のようになると思います。そして『続行』をクリックします。

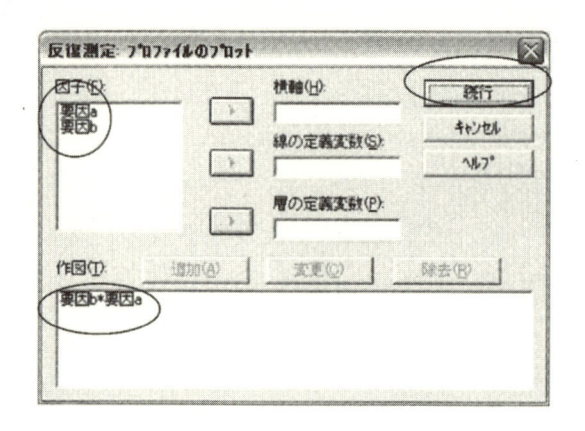

【ステップ7】分散分析の実行

先ほどの画面にもどったら、『OK』をクリックします。

【ステップ8】結果の見方

結果を見ていくにあたり重要な箇所を順を追ってみていきます。

①まず平均値と標準偏差に着目します。

記述統計量

	要因A	平均値	標準偏差	N
要因B1	1.00	9.2000	1.9235	5
	2.00	11.8000	2.3875	5
	総和	10.5000	2.4608	10
要因B2	1.00	19.8000	2.0494	5
	2.00	22.8000	3.8987	5
	総和	21.3000	3.3350	10
要因B3	1.00	15.8000	1.4832	5
	2.00	16.4000	3.6469	5
	総和	16.1000	2.6437	10

②次に、被験者内変数である要因bと交互作用に関する結果を表示しています。まず交互作用に着目すると、交互作用は有意ではありません。次に要因bの主効果に着目します。要因bは1％水準で有意です。

被験者内効果の検定

測定変数名: MEASURE_1

ソース		タイプIII 平方和	自由度	平均平方	F値	有意確率
要因B	球面性の仮定	583.467	2	291.733	58.640	.000
	Greenhouse-Geisser	583.467	1.568	372.208	58.640	.000
	Huynh-Feldt	583.467	2.000	291.733	58.640	.000
	下限	583.467	1.000	583.467	58.640	.000
要因B x 要因A	球面性の仮定	8.267	2	4.133	.831	.454
	Greenhouse-Geisser	8.267	1.568	5.274	.831	.431
	Huynh-Feldt	8.267	2.000	4.133	.831	.454
	下限	8.267	1.000	8.267	.831	.389
誤差(要因B)	球面性の仮定	79.600	16	4.975		
	Greenhouse-Geisser	79.600	12.541	6.347		
	Huynh-Feldt	79.600	16.000	4.975		
	下限	79.600	8.000	9.950		

③被験者間要因である要因aの主効果の結果を出力しています。要因aは有意ではありません。

被験者間効果の検定

測定変数名: MEASURE_1
変換変数: 平均

ソース	タイプIII 平方和	自由度	平均平方	F値	有意確率
Intercept	7648.033	1	7648.033	626.888	.000
要因A	32.033	1	32.033	2.626	.144
誤差	97.600	8	12.200		

④要因bの主効果が有意でしたので、要因bの多重比較に着目します。3水準すべての間に1％水準で有意な差が見られています。

ペアごとの比較

測定変数名: MEASURE_1

(I) 要因B	(J) 要因B	平均値の差 (I-J)	標準誤差	有意確率[a]	差の95%信頼区間[a] 下限	上限
1	2	-10.800*	.831	.000	-13.305	-8.295
	3	-5.600*	.883	.001	-8.263	-2.937
2	1	10.800*	.831	.000	8.295	13.305
	3	5.200*	1.231	.009	1.488	8.912
3	1	5.600*	.883	.001	2.937	8.263
	2	-5.200*	1.231	.009	-8.912	-1.488

推定周辺平均に基づいた
*. 平均値の差は .05 水準で有意です。
a. 多重比較の調整: Bonferroni.

⑤グラフを出力しています。

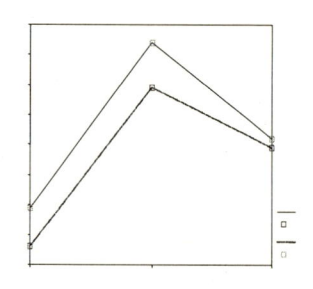

【ステップ9】交互作用がみられた場合・・・単純主効果の検定

上記の例では、交互作用は見られず、主効果のみが有意でした。しかし、交互作用が有意の場合には、主効果はあまり意味を持ちません。交互作用が有意であるときには、各水準ごとの単純主効果を検定します。例えば、変数aが1の人だけで変数bの主効果を見るなどです。先ほどの例では交互作用が有意でなく、変数aと変数bの主効果が有意となるデータでしたので、ここでは交互作用の有意な例を用います。

① 交互作用が見られた場合、再びデータの画面に戻り、先ほどのステップ2で分析を指定します。すると次ページのような画面になるはずです。すでにステップ3からステップ6までが行われた状態になっているはずです（新しいデータを使用している場合や、一度SPSSを終了した場合には、再びステップ1からステップ6までを繰り返して、ステップ6までを済ませた状態にしてください）。そしてここでもう一手間。『オプション』をクリックして、左の『因子と交互作用』欄の、『要因a』、『要因b』、『要因a×要因b』のすべてを右の『平均値の表示』欄に矢印で移動させておきましょう。『主効果の比較』のチェックをオンにし、『Bonferroni』を選択しておきます。そして『続行』をクリックします。

そして『OK』の1つ下にある『貼りつけ』をクリックします。すると次ページのようなシンタックスエディタの画面が表示されます。

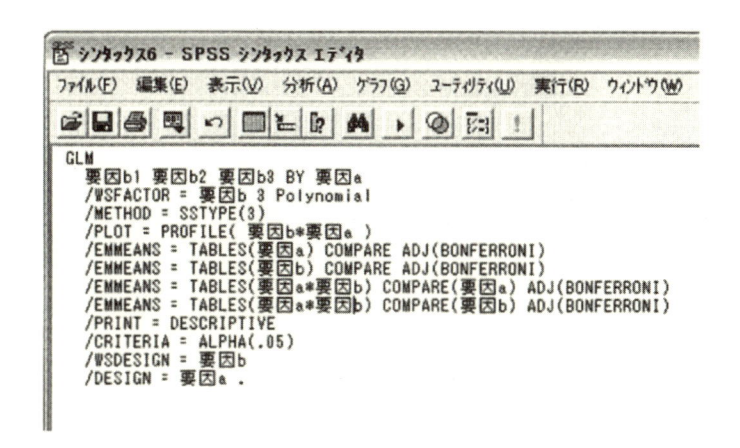

```
GLM
  要因b1 要因b2 要因b3 BY 要因a
  /WSFACTOR = 要因b 3 Polynomial
  /METHOD = SSTYPE(3)
  /PLOT = PROFILE( 要因b*要因a )
  /EMMEANS = TABLES(要因a) COMPARE ADJ(BONFERRONI)
  /EMMEANS = TABLES(要因b) COMPARE ADJ(BONFERRONI)
  /EMMEANS = TABLES(要因a*要因b) COMPARE(要因a) ADJ(BONFERRONI)
  /EMMEANS = TABLES(要因a*要因b) COMPARE(要因b) ADJ(BONFERRONI)
  /PRINT = DESCRIPTIVE
  /CRITERIA = ALPHA(.05)
  /WSDESIGN = 要因b
  /DESIGN = 要因a .
```

②このシンタックスエディタの画面には以下のようなコマンドが記入されているはずです。

```
GLM
    要因b1 要因b2 要因b3 BY 要因a
    /WSFACTOR = 要因b 3 Polynomial
    /METHOD = SSTYPE(3)
    /PLOT = PROFILE( 要因b*要因a )
    /EMMEANS = TABLES(要因a) COMPARE ADJ(BONFERRONI)
    /EMMEANS = TABLES(要因b) COMPARE ADJ(BONFERRONI)
    /EMMEANS = TABLES(要因a*要因b)
    /PRINT = DESCRIPTIVE
    /CRITERIA = ALPHA(.05)
    /WSDESIGN = 要因b
    /DESIGN = 要因a .
```

ここの「　/EMMEANS＝・・・・」の行の末尾に半角スペースを１つ入れて、以下の下線部分を追加します。
/EMMEANS＿=＿TABLES(要因a*要因b)＿COMPARE(要因a)＿ADJ(BONFERRONI)
さらに、次の行に、
/EMMEANS＿=＿TABLES(要因a*要因b)＿COMPARE(要因b)＿ADJ(BONFERRONI)
を追加します。

　波線部分は半角のスペースが入りますので注意してください(入力には波線は必要ありません)。余計なスペースやスペリングミスがあるときちんと実行されませんので、間違いがないかよく確認してください。すると以下のような画面になります。そして、『実行』－『すべて』をクリックします。

　なお、この例のようにaが被験者間要因でbが被験者内要因の場合、交互作用が有意　であれば、b1、b2、b3における要因aの単純主効果のF値を求める誤差項に

は，厳密に言うと，「プールされた誤差項（要因aの誤差項と交互作用の誤差項を重みづけて平均したもの）」を用いる必要があります（森・吉田, 1990参照）。

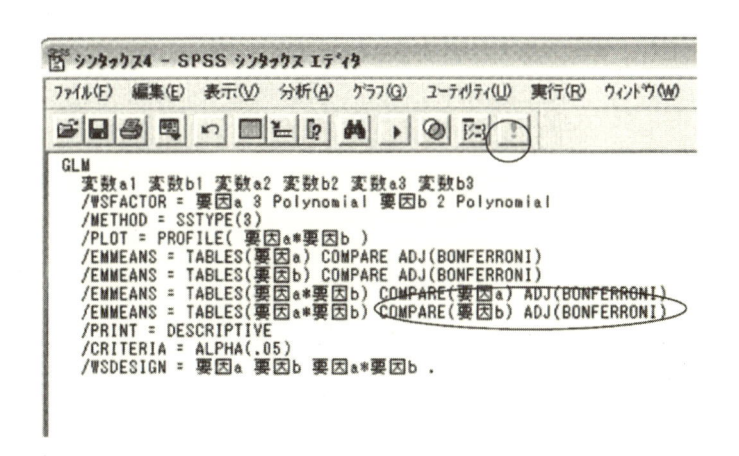

```
GLM
    変数a1 変数b1 変数a2 変数b2 変数a3 変数b3
    /WSFACTOR = 要因a 3 Polynomial 要因b 2 Polynomial
    /METHOD = SSTYPE(3)
    /PLOT = PROFILE( 要因a*要因b )
    /EMMEANS = TABLES(要因a) COMPARE ADJ(BONFERRONI)
    /EMMEANS = TABLES(要因b) COMPARE ADJ(BONFERRONI)
    /EMMEANS = TABLES(要因a*要因b) COMPARE(要因a) ADJ(BONFERRONI)
    /EMMEANS = TABLES(要因a*要因b) COMPARE(要因b) ADJ(BONFERRONI)
    /PRINT = DESCRIPTIVE
    /CRITERIA = ALPHA(.05)
    /WSDESIGN = 要因a 要因b 要因a*要因b .
```

【ステップ10】単純主効果の結果の見方

①次は『ペアごとの比較』に注目します。変数bの水準を固定したときの変数aの各水準での差を調べています。要因b2における要因a1と要因a2との間に1%水準で有意な差が見られ、要因b1における要因a1と要因a2との間に有意傾向がみられています。要因b3では要因b1と要因b2との間に有意な差は見られていません。

ペアごとの比較

測定変数名: MEASURE_1

要因B	(I) 要因A	(J) 要因A	平均値の差 (I-J)	標準誤差	有意確率[a]	差の95%信頼区間[a] 下限	上限
1	1.00	2.00	-2.600	1.371	.095	-5.762	.562
	2.00	1.00	2.600	1.371	.095	-.562	5.762
2	1.00	2.00	13.800*	1.158	.000	11.131	16.469
	2.00	1.00	-13.800*	1.158	.000	-16.469	-11.131
3	1.00	2.00	-.600	1.761	.742	-4.660	3.460
	2.00	1.00	.600	1.761	.742	-3.460	4.660

推定周辺平均に基づいた
*. 平均値の差は .05 水準で有意です。
a. 多重比較の調整: Bonferroni.

②もう1つ同じペアごとの比較の表が出力されていると思います。形は似ていますが、今度は要因aを固定したときの要因bの各水準間の差を調べています。要因a1時の要因b2と要因b3間を除いて、1%もしくは5%水準で有意な差が見られています。

ペアごとの比較

測定変数名: MEASURE_1

要因A	(I) 要因B	(J) 要因B	平均値の差(I-J)	標準誤差	有意確率	差の95% 信頼区間 下限	上限
1.00	1	2	-10.600*	1.049	.000	-13.763	-7.437
		3	-6.600*	1.249	.002	-10.367	-2.833
	2	1	10.600*	1.049	.000	7.437	13.763
		3	4.000	1.606	.113	-.844	8.844
	3	1	6.600*	1.249	.002	2.833	10.367
		2	-4.000	1.606	.113	-8.844	.844
2.00	1	2	5.800*	1.049	.002	2.637	8.963
		3	-4.600*	1.249	.019	-8.367	-.833
	2	1	-5.800*	1.049	.002	-8.963	-2.637
		3	-10.400*	1.606	.001	-15.244	-5.556
	3	1	4.600*	1.249	.019	.833	8.367
		2	10.400*	1.606	.001	5.556	15.244

推定周辺平均に基づいた
*. 平均値の差は .05 水準で有意です。
a. 多重比較の調整: Bonferroni.

④グラフが出力されています。

MEASURE_1 の推定周辺平均

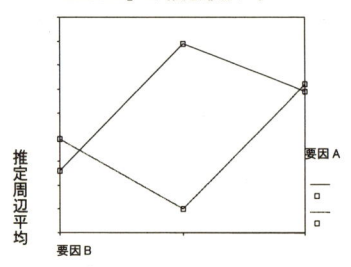

9. 多重比較の選択について

　すでに説明したように，三水準以上の要因で有意な差が見られたときなどの場合，分散分析では「その中のどこか1つ以上の関係に有意な差がある」ことしかわからないわけです。そこで具体的にどの関係に差があるのかを多重比較で見ます。また、主効果が見られていないのに多重比較を行ってはいけません。主効果が見られていないのに多

重比較を用いるのと，交互作用が見られていないのに単純主効果を見たがるのはしばしば見られる間違いですから気をつけてください。

多重比較を行う際に問題なのは，多重比較にはたくさんの方法があることです。今回は Bonferroni と呼ばれる方法を例に説明しました。しかし，この方法はいわば簡便法であり，それほどよい手法ではありません。みなさんには，多重比較のスタンダードな方法として，統計学的に適切であり，検定力も比較的高い Tukey の WSD 検定（Tukey の b: Tukey's wholly significant difference test）をおすすめします（多重比較に関する詳細な説明は，森・吉田，1990 参照）。Tukey の WSD 検定は段階法（step-by-step procedure）の一種であり，第 1 種の過誤を犯す確率を適切に統制していると考えられます。いずれにせよ，不安な人は必ず指導教授などに確認するようにしてください。また，ある水準とそれ以外のすべてを比較するような場合（一対比較以外の場合）には Scheffe 法などを用いる必要があります。多重比較に限らず，分散分析の使用は実際にはかなり難しい面がありますから，最終的にはきちんと勉強する必要があります。末尾の参考文献などを参照に勉強して下さい。なお，F（自由度 1，自由度 2）の形で F 値が表示してありますが，自由度は前半が要因の部分，後半に誤差の部分に表示されているものを使用してください。

10. レポートへの記述例

ここでは 5 の結果を例にレポートへの記述例を説明します。
1　主効果
2　主効果があった場合多重比較
3　交互作用
4　交互作用があった場合単純主効果

の順にまとめるのが間違いないでしょう。

> （前略。平均値と標準偏差はすでに表記してあるものとする。）これらの結果を確かめるため，要因 a （被験者間）×要因 b （被験者内）の 2×3 の分散分析を行った。要因 a には有意な主効果はみられなかった（$F(1, 8)=2.63, n.s.$）。要因 b には強い主効果が見られている（$F(2, 16)=58.64, p<.01$）。要因 b の主効果が有意であったため，Bonferroni による多重比較を行ったところ，すべての水準間に 1%水準で有意な差が認められた。a×b の交互作用は有意ではなかった（$F(2,16)=.83, n.s.$）。

● 参考文献

石村貞夫　1997　SPSSによる分散分析と多重比較の手順（第2版）　東京図書

森敏昭・吉田寿夫編著　1990　心理学のためのデータ解析テクニカルブック　北大路書房　pp.85-175.

岡太彬訓・都築誉史・山口和範　1995　データ分析のための統計入門　共立出版　pp.94-103.

弓野憲一　1985　平均差を分散で吟味する――分散分析――　海保博之編著　心理・教育データの解析法 10 講――基礎編――　福村出版　pp.119-136.

第5章　χ^2検定（度数データの検定）

生田倫子

　このχ^2（カイじじょう）検定は，独立性の検定(Contingency Table) というカテゴリーの中に入ります。これは，「質的変数（名義尺度）」の相互関係を検討する統計手法です。名義尺度によって計られたデータを，度数データ（もしくはカテゴリカルなデータ）と呼びます。

　もし，説明する変数，される変数ともに質的変数ならχ^2検定を最初に検討します。また質的変数によりデータの共変関係を検討する際にも，これを用います。以下にまとめて記述しました。厳密には，因子分析は主成分分析とは異なり，多数の変数から少数個の潜在的な変数（因子）を見出す分析方法ですが，この表では一緒にしました（第7章参照）。

---

①独立変数・従属変数ともに質的変数（名義尺度）
　　→　χ^2検定，直接確率法
②独立・従属という方向性はなく共変関係だけが問題の場合
　（データが間隔尺度値の場合）
　　　　→共変関係を見る　・・・相関分析（重相関分析）
　　　　→変数をまとめる　・・・因子分析，主成分分析，
　　　　　　　　　　　　　　　クラスター分析
　（データが度数データ）
　　　　→変数が2つ　・・・χ^2検定
　　　　→変数をまとめる　・・・数量化3類

　対象となるデータの例は次のようなものです。データが以下のような表で，見やすくまとめられている場合，これを「クロス集計表」といいます。

学校相談におけるカウンセリングのニーズに関するクロス集計表

	利用する予定有り	利用する予定無し	計
年齢）中学生	66人	124人	190人
年齢）高校生	58人	45人	103人
計	124人	169人	293人

1．どんなときにχ^2検定を使うのか？―名義尺度の検定―

名義尺度によって計られた度数データの場合は，平均や分散を計算することができません。したがって，この結果が予想を支持したものであるかを検定するには，ノンパラメトリックな検定であるχ^2検定を使うことになります。

ノンパラメトリック検定には，他に直接確率計算法があります。基本的にはχ^2検定と同じですが，期待値が"5.0"以下のセルがあるとき，または度数0のセルが1つでもあるときに使います。SPSSではχ^2検定のオプションとして設定されています。この章では，χ^2検定を行って期待値を求め，それがχ^2検定の基準に合わなかった場合の直接確率計算法への移行についても述べます。

2．χ^2検定について

χ^2検定は，クロス集計表の行と列の数によって，1×2, 2×2, 2×3, 2×4, 3×3等，様々に利用可能です。ここでは上記の「カウンセリングのニーズ」に関するデータについて検討するため，2×2のχ^2検定を行います。

χ^2検定の原理は，各々の行（横）と列（縦）の周辺度数を用いて各セルの「期待値」を求め，その「期待値」と「実際の観測値」との差を二乗（自乗）し，それを「期待値」で割ったものの総和をχ^2値とし，その分布確率を利用して有意な連関があるかどうかを検定する検定です。

観測度数は，現実に現れた度数，期待度数は偶然に期待される度数です。実際の度数が期待度数に近ければ,それは偶然に現れた結果になります。逆に観測度数が期待度数より離れるほど，偶然に現れにくい結果であるといえます。

ここで得られるχ^2値は，正規確率分布から作られるχ^2確率分布に近似した

分布をとることが確かめられています（自由度は［各変数のカテゴリー数−1］の積）。そこで計算で得られたχ^2値の確率がほとんど起こりえないような値であれば帰無仮説を棄却し，2つの変数間に「有意な連関が見られた」と結論づけます。

ここまでχ^2検定の概略を述べてきましたが，実際にSPSSを使って分散分析を行ってみましょう。

3．χ^2検定の手順
【ステップ1】データの概要
本章でχ^2検定を試みるデータを再度載せます。これは，実際の中学生と高校生にカウンセリングへの関心や利用予定の有無，そしてどのようなカウンセリング手法を望んでいるのか，という研究データの一部です。

学校相談における利用予定に関するクロス集計表

	利用する予定有り	利用する予定無し	計
中学生	66人	124人	190人
高校生	58人	45人	103人
計	124人	169人	293人

【ステップ2】データを入力する
SPSSを起動して，データを入力するか，もしくは，エクセルからインポートします。インポートや変数をつける作業に関しては本書1章の「データの入力と加工」を参照してください。データの形はサンプルデータの形式になるように入力します。通常，読者の方が本書第1章にそって入力を行っていれば，SPSS上のローデータは次のようになっているでしょう。

しかし，既にクロス集計表の形で表の形になっているデータについて，検討したい場合には，次のように入力します。計算の流れは変わりありません。

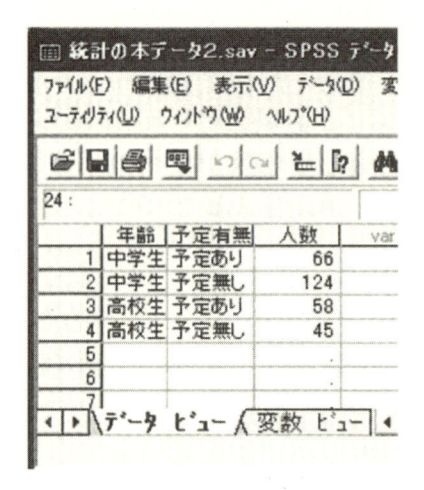

【ステップ3】ケースの重み付けを行う

『データ』-『ケースの重み付け』を選択する。

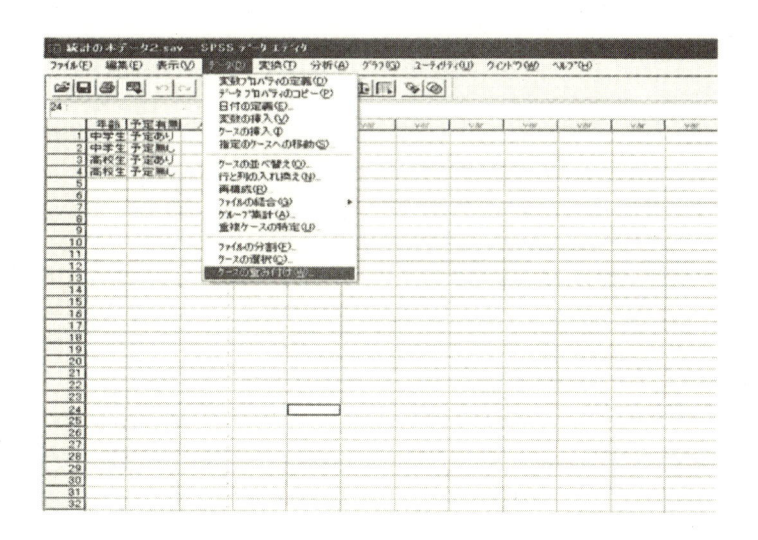

まず，黒丸を『ケースの重み付け』に移動させます。次に，左上の白いボックスにある『人数』をクリックして青色にし，中央付近にある右向きの矢印をクリックします。そうすると，『人数』が矢印の右の白いボックスに移動し，矢印が左側を向きます。これで，重み付けは終了です。

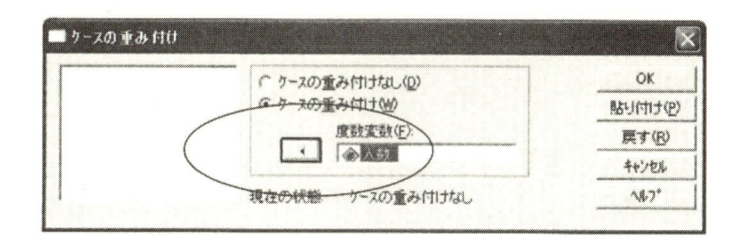

【ステップ4】分析を設定する

『分析』－『記述統計』－『クロス集計表』を選択します。

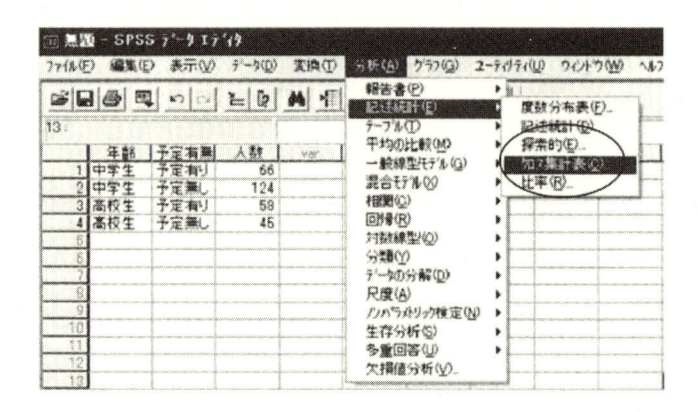

左側に変数が並んでいます。独立変数となる『年齢』をクリックして，『行(O)』の左にある矢印をクリックします。

すると下の図のように因子の欄に変数が入るはずです。これで独立変数が設定されました。

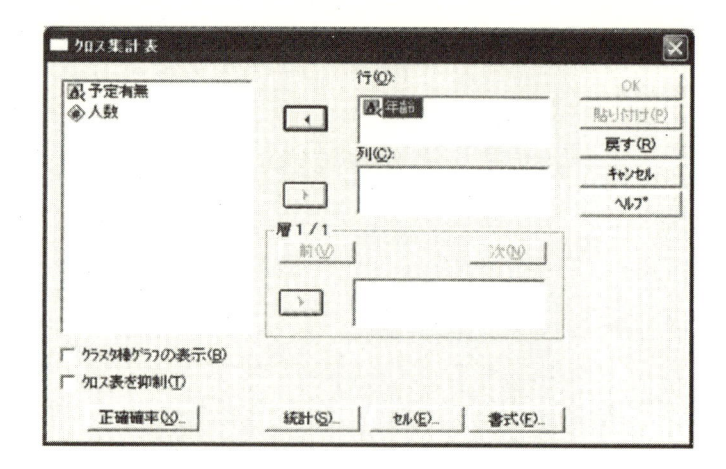

【ステップ5】従属変数を指定する

　次に従属変数を設定します。同じように左側の変数の並んだ欄から従属変数（ここでは『予定有無』を選択して，『列(C)』の欄の矢印ボタンをクリックします。すると『予定有無』が入ります。

　もし間違って変数を右に入れてしまっても，右の欄で変数を選んで，逆になった矢印ボタンをクリックすれば，その変数は左側の欄へ戻ります。これで，独立変数と従属変数が設定されました。

【ステップ6】χ^2検定を選択する

　χ^2検定のために，『統計 (S)』をクリックします。

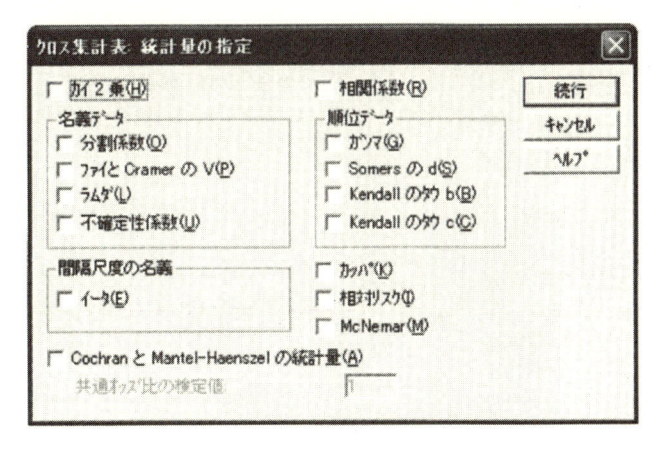

　左上にある『カイ2乗』のチェックボックスをオンにします。そして『続行』をクリックします。

【ステップ7】期待値を設定する

『セル』をクリックします。

『度数』の『期待』のチェックボックスをオンにします。『続行』をクリックします。

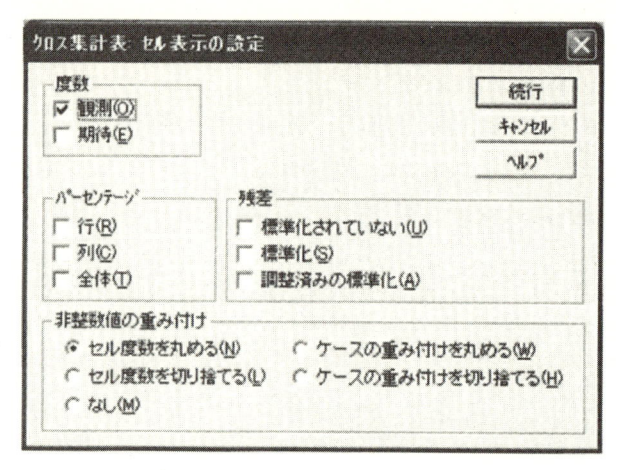

【ステップ8】χ^2検定を実行する

設定はこれでおしまいです。『OK』をクリックします。χ^2検定の結果が出力されます。

【ステップ9】結果の読みとり

パソコンの異なるウィンドウに，出力ビューアが表示されたと思います。結果を見ていくにあたり重要な箇所を，順を追ってみていきます。

① まず以下がクロス集計表です。先ほどの設定により，各セルの[期待度数]も載っています。この各セルの『期待度数』には，最初に目を通してください。もし，『期待度数』に 5.0 以下のセルがあった場合や，そもそも度数が 0.0 であるセルが1つでも存在した場合，χ^2検定ではなく，直接確率計算法

に移ります。そのときは、「ステップ8」を参照してください。

年齢 と 予定有無 のクロス表

			予定無し	予定有り	合計
年齢	高校生	度数	45	58	103
		期待度数	59.4	43.6	103.0
	中学生	度数	124	66	190
		期待度数	109.6	80.4	190.0
合計		度数	169	124	293
		期待度数	169.0	124.0	293.0

② 次はχ自乗検定の結果を見ていきましょう。『Pearsonのカイ2乗』の行の、『漸近有意確率(両側)』のところをみます。その『値』は検定統計量で、12.735になっています。χ^2値は、実際度数と期待度数の差を取り、クロス集計表全体について合計したものです。

そして、そのときの『漸近有意確率』は、0.000であるということがわかります。その意味するところは、自由度が1の時のχ^2分布において、この$\chi^2(1)=12.735$という値は、偶然には1％未満しか現れないということです。

この数値は、有意水準といえる$\alpha=0.05$より小さいため、"属性と予定の有無に関して関連がない"という帰無仮説は棄却されます。よって、学生相談における「年齢」と「予定の有無」の間には、有意に関連があるということがいえます。

カイ2乗検定

	値	自由度	漸近有意確率(両側)	正確有意確率(両側)	正確有意確率(片側)
Pearsonのカイ2乗	12.735[b]	1	.000		
連続修正[a]	11.867	1	.001		
尤度比	12.698	1	.000		
Fisherの直接法				.000	.000
有効なケースの数	293				

a. 2x2表に対してのみ計算

b. 0 セル (.0%) は期待度数が5未満です。最小期待度数は43.59です。

89

【ステップ10】直接確率計算法に移行する場合

　表の下段の方にある『Fisherの直説法』は、直接確率計算法のことです。ここで用いたデータによる統計には必要が無い情報です。枠外に記述されている『最小期待度数』の値は、43.59 であり、χ^2検定に十分な値をクリアーしています。

　しかし、もしこの値が 5.0 以下のセルがあった場合や、そもそも度数が 0.0 であるセルが1つでも存在した場合、χ^2検定は適応できません。この場合、『Fisherの直説確率計算法』を適応します。しかし（2×2）のクロス集計表に限って、Yatesの修正 χ^2 が出力されます。

　また、大体の目安で各セルの度数が 20 未満である場合にも、直接確率計算法を使った方がよいでしょう。上記の表には、片側検定の結果も載っていますが、特殊な条件設定を強い仮説を必要とします。通常の場合には、両側検定を用います。

4. χ^2検定の残差分析の手順

　さて χ^2検定の結果に有意差があることがわかれば、次に残差分析に進みます。χ^2検定から残差分析へ、というのが度数の分析の常道です。χ^2検定で有意が見られないのに、残差分析に移行することはできません。

χ^2検定は、クロス集計表において、セルのどこかに期待値から大幅にずれた実際値が存在することを示す統計です。では、「実際にどの場所にズレがみられるのか」ということを、「残差分析」によって探していきます。

①残差分析を設定する

　『分析』－『記述統計』－『クロス集計表』を選択します。χ^2検定の手順で、変数を入れてあるので、すぐに次の画面が出てきます。

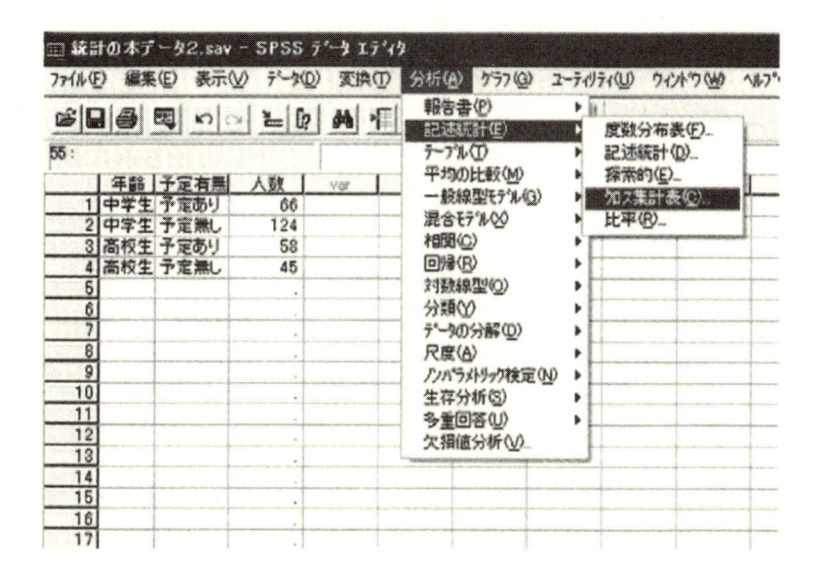

『セル』をクリックします。

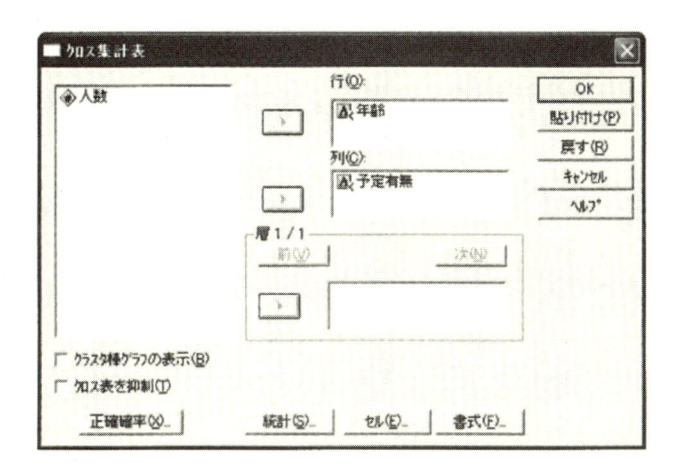

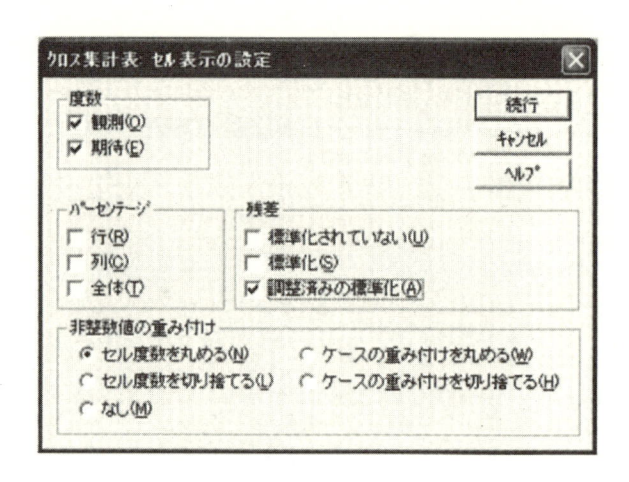

『残差』の枠内の「調整済み標準化」にチェックをつけます。最後に『続行』をクリックします。次に現れた画面の[OK]をクリックします。再び，出力ビューアに検定結果が現れます。

②結果の読みとり
先ほどのクロス集計表に，『調整済み残差』が加わったクロス表が出力されました。

年齢 と 予定有無 のクロス表

			予定有無		合計
			予定無し	予定有り	
年齢	高校生	度数	45	58	103
		期待度数	59.4	43.6	103.0
		調整済み残差	-3.6	3.6	
	中学生	度数	124	66	190
		期待度数	109.6	80.4	190.0
		調整済み残差	3.6	-3.6	
合計		度数	169	124	293
		期待度数	169.0	124.0	293.0

『調整済み残差』とは，標準正規分布（平均0,標準偏差1）に対照できるように数値が調整されています。よって，「調整された残差」は，その絶対値が一定の値を超えればすぐに有意と判定できます。

下に，その一定の基準値の表を載せます。

| 残差 | ＞1.65 ・・・p＜.10（残差の値に†(注をつける）
| 残差 | ＞1.96 ・・・p＜.05（残差の値に*をつける）
| 残差 | ＞2.58 ・・・p＜.01（残差の値に**をつける）

　この章で取り上げたデータのクロス表は，各セルの調整済み残差の絶対値が，すべて 2.58 の値より大きいです。よってすべてのセルにおいて，「1%の水準で有意である」ということが分かります。

　「-3.6」というように，マイナスの数値が意味する所は，「期待度数」よりも有意に「実際の観測値」が少ないということ，逆に「3.6」というようにプラスの数値が意味する所は，「期待度数」よりも有意に「実際の観測値」が多いということを意味します。

③結果の書き方
χ^2検定に関しての記述は以下のとおりです。
[有意差が見られた場合]
本章で使われたデータのように有意差が見られた場合の結果は，次のように記述します。

χ^2検定の結果，人数の隔たりは有意であった（$\chi^2_{(1)}$＝12.73, p<.01）。

[有意差が見られなかった場合]
　有意差が見られなかった場合の結果は，次のように記述します。

χ^2検定の結果，人数の隔たりには有意差はみられなかった（$\chi^2_{(1)}$=1.946, n.s.）。

④残差分析結果の書き方

　残差分析の結果に関する記述は以下のとおりです。有意差が出たところだけ，記述します。

〇〇かつ△△のセルは期待値より有意に多かった（少なかった）。

5．「†」記号の探し方

ちなみに，この「†」記号の探し方は以下のとおりです。
ワードの『挿入』から『記号と特殊文字』をクリックします。

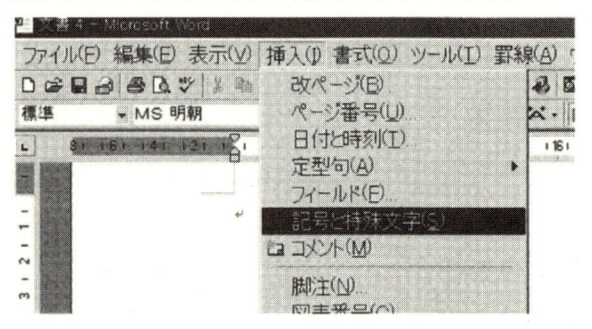

　すると，次のような画面が出てきます。『種類』の右のボックス内が
『区切り記号』という表示になるまで，右のスクロールを下に下げます。
　『区切り記号』の最初の行の，右から2番目に「†」記号はありますので，それをクリックします。その後，右下の「挿入」をクリックすると，ワード文章中に「†」記号をつくることが出来ます。

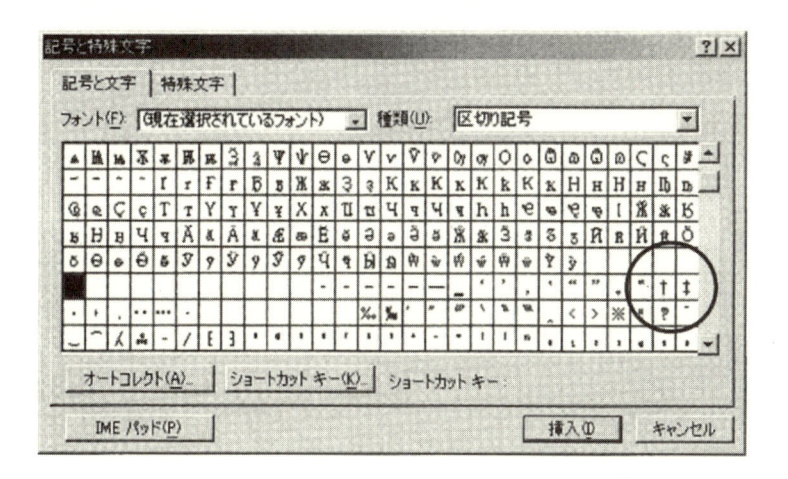

6. 結果参考例

結果の書き方の参考例を載せてみます。

　各年齢におけるカウンセリング予定の有無に関するクロス集計表を表1に示す。

表1. 年齢 と 予定有無 のクロス表

度数

		予定無し	予定有り	合計
年齢	高校生	45	58	103
	中学生	124	66	190
合計		169	124	293

年齢とカウンセリング予定の有無の関連に関して，χ^2検定を行った。2×2のχ^2検定の結果，人数の偏りは有意であった（$\chi^2(1)=12.73, p<.01$）。
表2に，調整された残差（残差の値が標準正規分布に従うように調整したもの）と残差の有効性の記号を示す。

表 2. 各セルの調整された残差

予定 年齢	予定無し	予定有り
高校生	-3.6**	3.6**
中学生	3.6**	-3.6**

** →$p<.01$

　残差分析より，1)高校生では「カウンセリングを予定している」生徒が，「予定していない生徒」よりも有意に多いこと，2)中学生では「カウンセリングを予定していない」生徒が，「予定している生徒」よりも有意に多いことがわかった。この結果から，高校生のほうが，「カウンセリング」を受けることに積極的であることが明らかになった

*χ^2検定は，「両側検定」にしかならないので，「両側」「片側」の記述は不要です。

7．直接確率計算法による結果の記述

最小期待値が 5.0 以下などにより，直接確率計算法を用いることに変更した場合の論文記述は以下のとおりです。

---

①有意だった場合

「直接確率計算法により人数差を検定した結果，有意であった（p=.00,両側検定）。」

②有意でなかった場合

「直接確率計算法によると，p=.00（両側検定）であり，有意ではなかった。」

●参考文献

田中敏　1996　実践心理データ解析　新曜社

田中敏・山際勇一郎　1989　ユーザーのための教育・心理統計と実験計画法　教育出版

森敏昭・吉田寿夫　1990　心理学のためのデータ解析テクニカルブック　北大路書房

石村貞夫　1997　SPSSによる統計処理の手順　東京書籍

第6章　回帰分析

小野寺哲夫

1．回帰分析とは何か

　よく「ストレスが原因でうつ病になった」とか「喫煙は肺がんの原因である」とか「喫煙と運動不足と体質が重なって肺がんになった」とか「大学受験で合格できたのは，学力と努力と運があったからです」などという言い方を耳にしますが，以上のような発言には1つの特徴があります。それは，「何らかの原因（cause）が何らかの結果(effect)を引き起こしている」という因果関係について言及しているということです。このように，我々は，日常生活で自分や他人に起こる出来事を理解するときA（原因）がB（結果）を引き起こしたというように，因果関係として理解しています。この点に心理学者として初めて着目して我々がどのような認知的プロセスを経て物事の因果関係を理解しているのかを研究したのが，原因帰属研究の父であるF・ハイダーという人です。彼は，しろうととしての我々が物事の因果関係を知覚するときの仕方を研究しました。例えば，2つの物体があり，一方の物体が転がってきて，もう一方の物体に接触して止まり，その瞬間にもう一方の物体が動き出したという映像を見たとき，我々人間（実は人間以外の動物も）は，「一方の物体が，もう一方の物体と衝突して，その結果もう一方の物体を動かした」，言い換えれば，もう一方の物体の動き（結果）の原因は，最初に転がってきた物体であると知覚するということを発見したのです。多少脱線してしまいましたが，要するに，我々が出来事を理解し，その結果将来の出来事や行動を予測し，より良い社会適応を果たすためには因果関係を理解することが決定的に重要です。そして心理学という学問は，人間の行動（結果）を心理的変数（原因）から説明（理解）しようという学問です。それに対し，社会学は，人間行動を，心理的変数からではなく，社会環境などから説明（理解）しようとする学問なのです。ここでさらに付け加

えるならば，全く同じ出来事でも，どのようなものの見方（視点・立場）から観察するかによって，あるいは，どのようなモデル（仮説や構成概念）に基づいて理解するのかによって，因果関係が全く異なって理解されるのです。したがって，多変量解析を行う際，中でも特に回帰分析を行う際は，原則として，「自分はどのような立場で出来事を理解し，どのような理論に基づいて，あらかじめどのような因果モデルを仮定して分析するのか」というものをしっかり持っていることが必要なのです。

　さて，統計分析の方法には大きく3種類あると筆者は考えています。1つはt検定や分散分析などのように母集団のある変数の代表値の差を検定するもので，2つ目は因子分析などのように類似しているものをまとめて分類したり，探索的に潜在変数（眼に見えないが各変数間に潜在して何らかの影響を与えている変数）を探る分析，そして3つ目が重回帰分析やパス解析，共分散構造分析などのように研究者があらかじめモデルを仮定しておいて，それと実際のデータとの適合度を検討する分析です。このように，重回帰分析（回帰分析）は，「自分はこの出来事をこのように捉え，具体的にAという変数（要因）とBという変数（要因）が，Cという結果に影響を与えていると考える」というように研究者なりのモデル（図式）がまず必要なのです。回帰分析を行うときは「まずモデルありき」なのです。このように回帰分析においては研究者自身の主体性が非常に求められます。このように言うと一見「キツイなぁ」とか「私にできるかなぁ」などと思ってしまう方がいるかもしれませんが，逆に考えると「だから回帰分析はおもしろいのだ」ともいえるのではないでしょうか。さらにSPSSによる重回帰分析のやり方は非常に簡単なので心配無用です。さて，繰り返しになってしまうかもしれませんが，回帰分析(regression analysis)とは，一言でいってしまうならば，因果関係を明らかにするための分析方法です。その意味で，心理学や社会学の実証研究を行う上で最もポピュラーな分析方法のうちの1つです。筆者もこれまで20ちかくの実証研究を行ってきましたが，回帰分析を使用しなかった研究はほとんどないといっても過言ではありません。心理学，いや科学というものすべてが物事の因果関係を解明し，その結果とし

て，その出来事を予測したり，将来的にコントロールすることが目的である以上，回帰分析は無くてはならない分析手法なのです。前置きが少々長くなってしまいましたが，要するに相関関係ではなく因果関係を調べる統計的手段が回帰分析であると理解していれば十分です。そして，1つの独立変数（原因）が1つの従属変数（結果）を予測するモデルを分析するとき，それを単回帰分析といい，2つ以上の独立変数（原因）が1つの従属変数を予測するモデルを分析するとき，それを重回帰分析といいます。ここで押さえておくことは，単回帰分析も重回帰分析も，従属変数（結果）は1つだということです。従属変数が2つ以上になってきたときは，パス解析や共分散構造分析等の分析手法を使用しなければなりません。ここまでをまとめると，単/重回帰分析は,以下のようなモデルで図示できます。

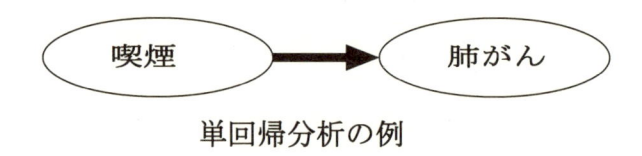

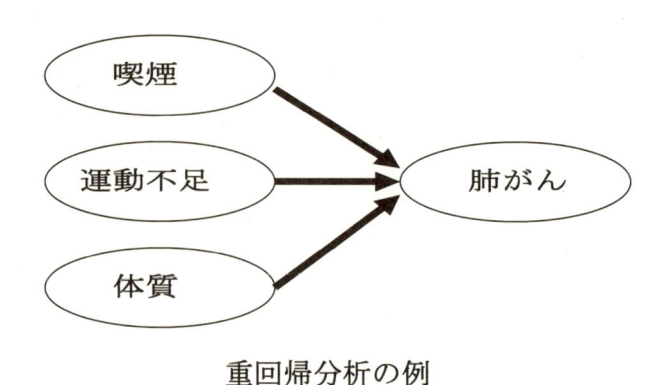

単回帰分析の例

重回帰分析の例

さて，因果関係を明らかにする分析の代表選手が重回帰分析あるいは単回帰分析なのですが，実は回帰分析と同様に因果関係を明らかにする分析手法は他にもあります。その使い分けのポイントは，分析のために投入される独立変数と従属変数それぞれの変数(データ)の水準（質）です。変数(データ)には，名義尺度，順序尺度，間隔尺度，比率尺度の4種類があり，それぞれの尺度で測定された情報価は異なるということでした。したがって，分析手法を選択するときは常に自分のデータの変数の水準（質）を意識していなければならないのです。なお，SPSSでは，Ⅰ：名義尺度，Ⅱ：順序尺度，Ⅲ：スケール（間隔・比率尺度の両方）というように3種類に分けています。ここで以下に因果関係を明らかにする分析を正しく使い分けるための表を示したいと思います。

原因＼結果		従属変数	
		間隔尺度（スケール）	名義尺度
独立変数	間隔尺度（スケール）	重回帰分析	判別分析
	名義尺度	数量化理論Ⅰ類	数量化理論Ⅱ類

　この表を見ると，重回帰分析は，独立変数も従属変数も両方とも間隔尺度（SPSSではスケール）以上の水準の場合に用いられるということがわかります。したがって，心理学研究においてよく用いられるリカートタイプの質問紙で測定したデータであれば，例外なく重回帰分析を行うことができるのです。しかし，アンケート調査には，いろいろな項目が考えられます。例えば，フェイスシートで男・女という性別などを聞く場合があります。性別は人間の心理や行動に大きな影響を及ぼすことが知られています。しかし，性別は名義尺度で

す。そんなときには，通常の重回帰分析は原則的には不可能になります。表によると，独立変数が名義尺度で従属変数が間隔尺度（スケール）の場合は，数量化理論Ⅰ類という分析を用いるようになっています。また，独立変数も従属変数も名義尺度の場合は，数量化理論Ⅱ類を用いるようになっています。しかし，性別のような独立変数が名義尺度で従属変数が間隔尺度（スケール）の場合，名義尺度の男・女を 0/1 のダミー変数にしておけば，独立変数が名義尺度でも SPSS の線型回帰分析（重回帰分析のこと）を行ってもいいことになっている。

さて，それでは，SPSS による具体的な重回帰分析の方法を見ていくことにしましょう。まず準備段階として，Step 0 と Step 0.5 があります。

Step 0：独立変数（原因）と従属変数（結果）を明らかにする。例えば，先ほどの肺がんの例で説明すると，あなたのモデル（理論）から，何が肺がん（従属変数）の原因となる独立変数で，他にどのような変数をモデルに組み込むかということをはっきりさせるのです。

Step 0.5：独立変数と従属変数がともに，間隔尺度（スケール変数）かどうか，そして，独立変数から従属変数の関係が線型の関係（x が増えれば y も増えるという関係，あるいは x が増えれば y は減るという関係）であるかどうかを確認する。

さて，準備が整ったところで，重回帰分析の具体的な手順をみていくことにしますが，線型回帰分析（重回帰分析）には，用途ごとにさらに強制投入法とステップワイズ法の 2 種類があります。強制投入法というのは，ある結果に大きな影響を与えているだろうと仮定する複数の独立変数（原因）を一度にすべて投入して，モデル全体としての適合度とそれぞれの独立変数（原因）がそれぞれに 1 つの従属変数（結果）に与えている影響の強さ（関係の強さ）を検討する場合の分析法です。それに対して，ステップワイズ法というのは，ある従属変数（結果）に何らかの影響を与えている可能性が考えられる変数をとりあえずすべて投入してしまい，あらかじめ設定しておいた基準（有意水準，$p < .05$ など）に照らしてそれぞれの独立変数が従属変数に有意な（意味のある）影

響を与えているかどうかをコンピューターに計算させて，自動的に有意でない変数は排除させ，従属変数に有意な影響を与えている独立変数だけをピックアップさせたいときに用いる分析法です。したがって，選択する際の目安としては，先行研究等の蓄積が十分あり，自分の作成したモデルはすでにかなりの程度確証されていると思われる場合は強制投入法を用い，そこまで確固とした先行研究がなくモデル作成においてもかなり探索的な余地が残っていると感じる場合は，ステップワイズ法を用いるとよいでしょう。筆者の場合は，はじめに強制投入法を行い，その後にステップワイズ法も試すようにしています。それはどちらのやり方も，クリック1つで非常に手軽に実行できてしまうことに加えて，強制投入法と比べてステップワイズ法は，探索的な要素がおおきい分，モデルに対して何らかの新しい示唆や発見が得られる可能性が高いからです。ではまず，強制投入法の手順から始めますが，具体的な例を提示して説明した方が理解したり，やり方等をマネしやすいと思いますので，筆者が以前日本社会心理学会で発表した援助行動の研究を例に出して説明します。

2．SPSS重回帰分析の手順

以下に示した B.Weiner という社会心理学者の帰属理論，すなわち帰属（認知）→感情→行動モデルに基づいて，大学生の援助行動が生起するメカニズムを解明することが目的です。一般大学生に仮想物語という形式で，ある事情（原因）で援助が必要な状態に陥った人の話を提示し，その被援助者（援助を求める人）に対する困難な状況に陥ってしまった原因の帰属（統制可能性）と感情反応，および援助行動の意志を質問紙で尋ねます。そして，この研究の独立変数（原因）は，帰属（認知）と肯定感情／否定感情で，従属変数（結果）は大学生の困っている人への援助行動です。

【ワイナー（Weiner, B）の帰属モデル】
否定的結果の統制可能性 → 怒り／同情 → 援助行動
帰属（Attribution）　　感情　　行動

これをモデル化すると，以下のようにいくつかのモデルが考えられます。

モデル1:「帰属」が「援助行動」を予測するモデル。
モデル2:「帰属」「肯定感情」「否定感情」が「援助行動」を予測するモデル。
モデル3:「帰属」「肯定感情」「否定感情」に加えて，「性別」「人格変数としての共感性」などその他の変数を組み込んで「援助行動」を予測するモデル。

　仮に上述のような3つのモデルを仮説的に構築したとします。どのモデルにおいても従属変数は「援助行動」であり，線型回帰を使ってそれを予測するモデルを作成するという点において目的は一致しています。
　ここではモデル2を，すなわち「帰属」「肯定感情」「否定感情」という複数の独立変数から「援助行動」という従属変数を予測するモデルを例に強制投入法を用いた重回帰分析の説明をしていきます。

3．強制投入法の手順

まず，すべての分析のときと同様に大学生を被験者にして得られたデータを使ってSPSSのデータシートを作成します（第2章参照）。

【ステップ1】

SPSSを起動し『分析』メニューの『回帰』の中にある『線型』をクリックします。

【ステップ2】

『従属変数』ボックスに「援助行動」，『独立変数』には「帰属=統制可能性」「肯定感情」「否定感情」を投入します。

【ステップ3】

次に，『独立変数』ボックスに投入した変数をどのようにモデルに組み込むかを選択します。『方法』のドロップダウンリストのデフォルトは『強制投入法』になっていますが，ステップワイズ法を選択する際は，ドロップダウンリストから『ステップワイズ法』を選択します。

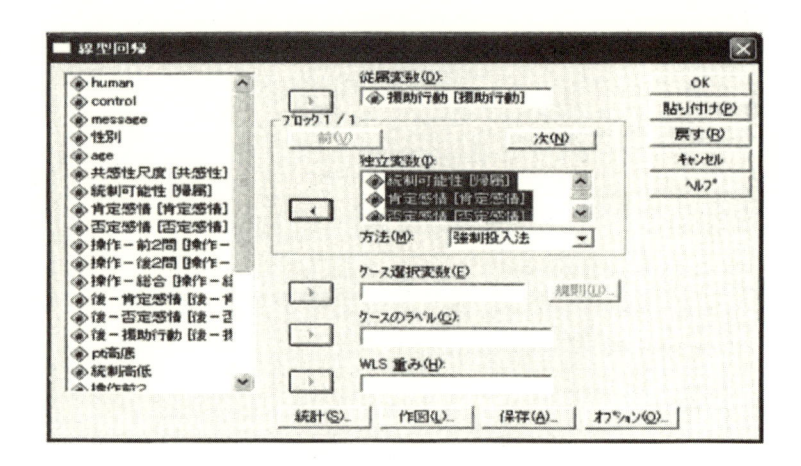

【ステップ4】

　ここではすべての独立変数をモデルに組み込むため,『強制投入法』のままにしておきます。『OK』ボタンをクリックして計算を実行します。

【ステップ5】

　出力ビューアウィンドウで結果を確認します。『投入済み変数または除去された変数』表には,モデルに組み込まれた独立変数とモデルから除外された独立変数が表示されます。ここでは独立変数ブロック内に入れたすべての変数を強制的にモデルに投入する強制投入法を実行したため,除去された変数はありません。

投入済み変数または除去された変数 [b]

モデル	投入済み変数	除去された変数	方法
1	否定感情, 肯定感情, 統制可能性[a]		投入

a. 必要な変数がすべて投入されました。
b. 従属変数: 援助行動

『モデル集計』表ではR^2(R^2乗)や調整済みR^2を使って式のあてはまりのよさ, すなわちモデルの適合度を見ることができます。データと回帰式（モデル）のあてはまりが悪ければ, 回帰式（モデル）を当てはめて予測した値(予測値)と実際の値(実測値)がずれてしまい, そのモデルを使って正確な予測をするという目的を達成することができません。R^2は決定係数または寄与率と呼ばれています。この値は0から1の範囲をとり, 1に近似するほど式のあてはまりがよい（適合度が高い）と考えられます。

モデル集計

モデル	R	R2 乗	調整済みR2 乗	推定値の標準誤差
1	.789[a]	.623	.616	2.132

a. 予測値: (定数)、否定感情, 肯定感情, 統制可能性。

ここではR^2の値が.623となっています。3つの独立変数「帰属=統制可能性」「肯定感情」「否定感情」を使って, 従属変数「援助行動」の変動の約60%は説明できると解釈します。

しかしR^2には1つ弱点があります。モデルに組み込んだ独立変数の数が多くなるにしたがって, R^2の値も自動的に大きくなってしまう点です。それに対し調整済みR^2では, 独立変数の数が多くなることによってR^2の値が大きくならないように調整しています。そのため調整済みR^2の値はR^2よりも値が大きく

なることはありません。したがって独立変数を複数使って回帰式を作成したときは，調整済みR^2の値を確認することをおすすめします。

さらにここで問題になるのは，『回帰分析の結果に出力されるR^2の値は，最低どれくらいあればいいのか？』という問題です。この点に関しては，絶対的な基準はありませんし，研究テーマや目的によっても求められる精度は異なりますが，0.5以上あれば，そのモデル（回帰式）を採択する人もいれば，0.8以上ないと採択しない人もいます。指導教官や先輩の意見を仰ぎながら決定すればいいでしょう。ちなみに筆者は調整済みR^2の値が0.3～0.4以上あれば採択しています。

回帰式を作ったときはR^2(決定係数)の大きさを見るだけではなく，その検定を行い，モデル（回帰式）が他のデータにも適用可能かを判断します。この検定における帰無仮説（H_0）と対立仮説（H_1）は以下のとおりです。

H_0:偏回帰係数=0
H_1:偏回帰係数≠0

偏回帰係数とは

援助行動=a×帰属+b×肯定感情+c×否定感情+d

という回帰式における，a，b，cにあたる部分です。

そしてa，b，cそれぞれの偏回帰係数の値が大きければ大きいほどそれと掛け合せている独立変数の従属変数への影響（関係）も大きくなります。例えば，上の式において偏回帰係数aが0である場合，「帰属」がどんな得点であっても0をかけてしまったら0にしかなりません。つまり，どんなに「帰属」が変化しても「援助行動」には変化が起こらないということになり，「帰属」は「援助行動」を予測する変数として使うことができないことになります。つまり，帰無仮説の「偏回帰係数=0」とは，このモデル（回帰式）は予測に使えないという

ことを意味するわけです。

　有意水準を5%にあらかじめ設定しているのであれば，以下の『分散分析』表の『有意確率』の値が0.05未満であるかを確認します。そして有意水準が0.05未満であればこのモデル（回帰式）は予測に使えると判断します。

分散分析ᵇ

モデル		平方和	自由度	平均平方	F 値	有意確率
1	回帰	1223.667	3	407.889	89.731	.000ᵃ
	残差	740.944	163	4.546		
	全体	1964.611	166			

a. 予測値: (定数)、否定感情, 肯定感情, 統制可能性。
b. 従属変数: 援助行動

【ステップ6】

　重回帰分析を行うということは，先ほどの

　　　援助行動=a×帰属（統制可能性）+b×肯定感情+c×否定感情+d

という回帰式を作成し，aからdまでの値を推定するということです。回帰式のあてはまりのよさ（適合度）を『モデル集計』表と『分散分析』表で評価し，モデルが有意であると判断したら，『係数』表を使って推定値を確認します。

係数ᵃ

モデル		非標準化係数 B	標準誤差	標準化係数 ベータ	t	有意確率
1	(定数)	7.838	.979		8.009	.000
	統制可能性	.015	.058	.018	.248	.804
	肯定感情	.328	.060	.354	5.479	.000
	否定感情	-.524	.065	-.524	-8.043	.000

a. 従属変数: 援助行動

　『係数』表の1行目は独立変数ではなく『(定数)』になっていますが，2行目以降は1行に1つの独立変数で表示されています。

『非標準化係数』列にある『B』は偏回帰係数を表しています。

【ステップ7】

　偏回帰係数を解釈するときは，①他の独立変数が一定の場合という前提条件がつくこと，②独立変数が1単位増加したときの従属変数の変化量を表す(=変数の単位の影響を受ける)という2点に注意します。

　例えば①はどういうことかというと，肯定感情の偏回帰係数0.328を解釈するときは，肯定感情以外の独立変数である，帰属=統制可能性と否定感情が一定の場合」という条件がつくということを意味しています。また②の方はというと，例えば仮に年齢という変数を独立変数の中に入れていたとした場合，年齢の単位は1年（365日）単位ですが，もう1つの独立変数である帰属の単位は9件のリカート尺度得点における1ポイントの増減というようにはっきりとした単位がありません。いずれの場合も，従属変数は援助行動で，援助行動の単位は9件のリカート尺度得点における1ポイントの増減です。このようにそれぞれの独立変数がもっている単位が異なる場合が多くあります。したがって，『係数』表の非標準化係数『B』の値は，単位が統一されていないため，複数の独立変数のうちどの変数が，もっとも強い影響を従属変数に与えているのかわかりません。それに対し，単位の影響を除外した係数が『係数』表の非標準化係数『B』の右に表示されている標準化係数です。この値を使うことにより，回帰式に使われている独立変数を相対的に比較し，どの独立変数が最も影響している変数かを判断することができるようになります。したがって，『係数』表の値を解釈するときは，非標準化係数『B』である偏回帰係数ではなく標準化係数を見て判断します。標準化係数は絶対値で0から1の範囲をとり，1に近似するほど従属変数との関係が強いと判断します。この『係数』表においては，「否定感情」の【偏回帰係数】(絶対値)が最も大きいため，「援助行動」は「否定感情」と最も関係が強いということがわかります。

【ステップ8】

『係数』表の右端に表示されている t 値と[有意確率]を使ってモデルに組み込む独立変数を検証します。すなわち「個々の独立変数が予測に役立っているかどうか」を確認することができます。例えば、「肯定感情」の t 値は 5.479、[有意確率]は 0.001 となっていますから、「肯定感情」は「援助行動」の予測に役立っていると判断します。それに対して、「帰属=統制可能性」の t 値は 0.248、[有意確率]は 0.804 となっていますから、「帰属=統制可能性」は「援助行動」の予測に役立たないと判断します。したがって、モデルから削除すべき独立変数ということができます。

4．ステップワイズ法の手順

さて、これまではモデル2を例に強制投入法のやり方を説明してきました。今度はモデル3を用いてステップワイズ法の説明をしていきたいと思います。さて、モデル3はモデル2のときのように「帰属、肯定感情、否定感情の3つを独立変数にする」といった明確なモデル≠仮説をあらかじめもたず、「今あるデータの中から従属変数に何らかの影響を与えている可能性が考えられる変数をすべて投入して援助行動を予測するモデル（回帰式）を作る」というように、独立変数を探索しつつモデルを作るときに使う方法です。

モデル 3:　「帰属」「肯定感情」「否定感情」に加えて、「性別」「人格変数としての共感性」などその他の変数を組み込んで「援助行動」を予測するモデル。

ステップワイズ法のやり方においても、ステップ0～ステップ4までは、強制投入法の場合と同じです。さて、ステップ4まで実行すると、強制投入法のときと同様、『投入済み変数または除去された変数』表が出力されます。

【ステップ5】

出力ビューアウィンドウで結果を確認します。『投入済み変数または除去された変数』表には，モデルに組み込まれた独立変数とモデルから除外された独立変数が表示されます。強制投入法だけで実行したときにはモデルが1つしかありませんでしたが，今回は2つのモデルが表の中に表示されていることがわかります。

投 入 済 み 変 数 ま た は 除 去 さ れ た 変 数 a

モデル	投入済み変数	除去された変数	方法
1	否定感情		ステップワイズ法（基準：投入するFの確率<=.050、除去するFの確率>=.100）。
2	肯定感情		ステップワイズ法（基準：投入するFの確率<=.050、除去するFの確率>=.100）。

a. 従属変数：援助行動

ステップワイズ法は統計的に有意な(デフォルトでは F 値の有意確率が 0.05 未満の)変数のみを独立変数として回帰式の中に1つずつ投入していきます。つまり，『モデル1』を作るにあたり，以下の5つの回帰式を作成して，それぞれについて F 値を算出し，その有意確率が 0.05 未満のモデルをピックアップします。そして有意確率が 0.05 未満のモデルが複数存在するときは，有意確率の値が最も小さいモデル，すなわち従属変数との関係が最も強い独立変数からなる回帰式（モデル）が『モデル1』として採択されます。

> ①援助行動=a×帰属+b　　②援助行動=a×肯定感情+b
> ③援助行動=a×否定感情+b　　④援助行動=a×性別+b
> ⑤援助行動=a×共感性+b

『投入済み変数または除去された変数』表を見るとモデル1には、「否定感情」を回帰式に組み込んだモデルが採択され、モデル2には、「肯定感情」が採択されたことがわかります。モデル1以降のモデルを決定する際も、モデル1のときと同様の基準でモデルを決定します。ステップワイズ法では、統計的に入力や除去の対象となる変数がなくなり次第、このプロセスが終了します。この例の場合、モデル2までで『投入済み変数または除去された変数』表が終わっているということは、モデル2が最終的にステップワイズによって導かれた回帰式ということになり、『モデル集計』表、『分散分析』表、『係数』表もそれぞれモデルごとに統計量や推定値などが一覧表示されます。

モデル集計

モデル	R	R2乗	調整済みR2乗	推定値の標準誤差
1	.729[a]	.531	.529	2.362
2	.789[b]	.623	.618	2.126

a. 予測値:(定数)、否定感情。
b. 予測値:(定数)、否定感情, 肯定感情。

分散分析[c]

モデル		平方和	自由度	平均平方	F値	有意確率
1	回帰	1044.145	1	1044.145	187.170	.000[a]
	残差	920.466	165	5.579		
	全体	1964.611	166			
2	回帰	1223.387	2	611.693	135.341	.000[b]
	残差	741.224	164	4.520		
	全体	1964.611	166			

a. 予測値:(定数)、否定感情。
b. 予測値:(定数)、否定感情, 肯定感情。
c. 従属変数: 援助行動

係数[a]

モデル		非標準化係数 B	標準誤差	標準化係数 ベータ	t	有意確率
1	(定数)	12.187	.500		24.376	.000
	否定感情	-.729	.053	-.729	-13.681	.000
2	(定数)	7.975	.806		9.894	.000
	否定感情	-.531	.057	-.532	-9.275	.000
	肯定感情	.335	.053	.361	6.297	.000

a. 従属変数: 援助行動

ステップワイズ法を実行した場合，強制投入法のときには出力されなかった[除外された変数]表が作成されます。統計的に有意でなくてモデルから除外されてしまった変数が列挙されます。

除外された変数[c]

モデル		投入されたときの標準回帰係数	t	有意確率	偏相関	共線性の統計量 許容度
1	性別	-.035[a]	-.660	.510	-.051	.998
	共感性尺度	-.028[a]	-.512	.609	-.040	.961
	統制可能性	.196[a]	2.837	.005	.216	.572
	肯定感情	.361[a]	6.297	.000	.441	.701
2	性別	-.038[b]	-.792	.430	-.062	.998
	共感性尺度	-.007[b]	-.143	.886	-.011	.956
	統制可能性	.018[b]	.248	.804	.019	.454

a. モデルの予測値: (定数)、否定感情。
b. モデルの予測値: (定数)、否定感情, 肯定感情。
c. 従属変数: 援助行動

以上，SPSSによる重回帰分析の具体的な手順と出力される表や表中の数値の読み方を中心に必要十分な解説を行ってきました。しかし，これで重回帰分析は終わりではありません。すべての分析についてもいえるのですが，最後の最も重要なステップは，SPSSによって出力された結果を解釈し，整理し，卒論やレポートにまとめる作業です。いかに一目でわかり，読み手を説得できるようなグラフや表にまとめて提示するかが勝負です。ここでは，重回帰分析の結果をレポートにまとめるオーソドックスなやり方のみを紹介します。

例として，ステップワイズ法で分析した結果をもとに説明します。

5．論文にまとめる手順：結果を図示する

【ステップ1】 従属変数は右に，2つ独立変数は左側に配置して，下図のように矢印（→）で結びます。

【ステップ2】『係数』表より，それぞれの独立（説明）変数の標準化係数（β）の値を，それぞれの矢印（→）の付近に書き入れて，有意水準に基づいてアスタリスク（＊）を付ける。

【ステップ3】『モデル集計』表より，あなたが採択したモデルの調整済み R^2 値を従属変数の下に書き入れます。

【ステップ4】最後に，図のタイトルを図の下に付けて，その後ろに被験者数（N=167）を付加します。

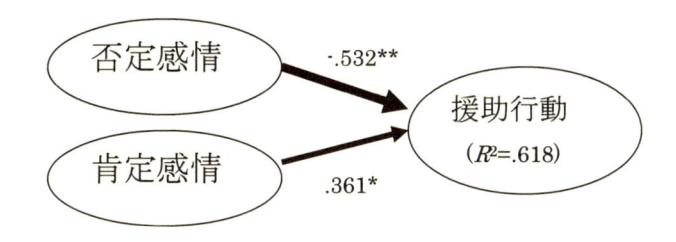

図1 すべての独立変数を投入して行ったステップワイズ重回帰分析結果（N=167）

6．論文にまとめる手順：論文への記述例

> ワイナーモデルが援助場面という社会的文脈にも適用可能かどうかを検証するために、ステップワイズ法（強制投入法）による重回帰分析を行った。その結果、ワイナーモデルが仮定する通り、肯定感情と否定感情の２つの変数が大学生の援助行動を大きく規定（決定/説明/寄与/影響）していることが明らかになった（R^2=.618）。すなわち、肯定感情は援助行動へ促進的な（プラスの）方向に中程度の影響を与え（β=.361**），否定感情は援助行動へ抑制的な（マイナスの）方向にやや強い影響を与えていた（β=-.532**）。しかし、帰属（統制可能性）は、援助行動に直接的な影響を与えていなかった。以上の結果から、ワイナーの帰属モデルは援助場面での大学生の援助行動を説明するモデルとして有効であることが示唆された。

最後に、この章では重回帰分析を取り上げてきましたが、SPSS では定型的なモデルに当てはめて分析することしかできませんでした。これは、分析操作が非常に簡単で、分析結果も比較的容易に読み取ることができるという利点がありましたが、慣れてこられた方はぜひ、Amos での重回帰分析を試されることをお勧めします。それは、Amos を使うことにより自由自在にモデルを作り、分析することが可能になるだけでなく、直接効果や間接効果、総合効果なども確認するができるので、重回帰分析の醍醐味であるモデルの解釈がよりおもしろくなるからです。

第 7 章　因子分析

松井博史・都築誉史

1. 因子分析とは

　因子分析とは,いくつもの相関するデータから共通する因子を探る手法です。因子という概念はわかりにくいかもしれませんが，多数の質問項目などをまとめて整理・理解するためのものだと考えるとわかりやすいでしょう（はじめの理解として）。例えば，回答者の明るさ，快活さを計るため,

1　私は明るい人間だ
2　私は明るい性格だ
3　私は冗談をよく言うほうだ
4　私はユーモアのセンスがある

　という 4 問の質問を作り，5 件法などで何人かに訊ねたとします（変な質問項目ですが，説明のため勘弁してください）。おそらく質問 1 と 2 は非常に似た結果になることが予想されます。このとき，質問 1 と質問 2 はほとんど同じことを聞いているので，この 2 問に関してはまとめて『回答者の面白さを聞いている質問』と考えてもよさそうです。このとき，質問 1 と質問 2 は同じ因子（明るさ）をたずねているといいます。
　では質問 3 や 4 はどうでしょうか。質問 3 と 4 は質問 1, 2 とは意味は異なりますが，結果としてはある程度似てくるでしょう。質問 3 や 4 を質問 1, 2 と似たような質問として考えていいかどうかは得られたデータから総合的に判断する必要がありそうです。つまり，この 4 問の質問が 1 因子構造（みんな似たようなことを訊いている）なのか，2 因子構造（明るさ因子とユーモア因子に分かれている）のかを判断するのです。このようなときに因子分析を用いま

す。このとき，自分の研究にあった因子数に決定するということと，データの当てはまりのよさとの兼ね合いを判断するところが因子分析の難しいところです。

　もう少しいうと，同じようなことを測定する目的で得られたいくつかのデータは，当然それぞれかなり似ているわけです（相関がみられる）。このとき，各データ（例えば質問項目）は，先の明るさやユーモアなどのいくつかの目に見えない構造（因子）の情報を含んでいると考えられます。つまり，どの項目も

（いくつかの因子によって説明できる部分）＋（その項目独自の部分）

のデータから成り立っていると考えられるわけです。先の例で1因子か2因子構造を仮定できそうだというのは，このようなモデルが適用でき，かつ因子が1か2くらいでデータをうまく説明できそうだという見立てをしていることになります。左のかっこのような部分を共通因子といい，右のかっこの部分を独自因子などと呼びますが，詳しくは章末の参考書などからもう一度勉強してください。

　少し難しい説明だったかもしれませんが，因子分析は心理学の研究では非常に多く用いられます。先の例よりも実際の研究では質問紙の項目がもっと多いことが普通ですから，何十問もある質問項目の中からその共通部分を考察できる因子分析は重宝なわけです。はじめて実際に使ってみた人の実感は，たくさんの質問項目を少数の因子で説明してくれるといった感覚でとらえる人が多いようです。以降ではどのようにして因子数を決定するのか，質問を分けるのかについて他の例を実際に分析しながら説明します。

2. 主成分分析と因子分析

　主成分分析は，因子分析と非常によく似た分析です。ものすごく簡単な説明は，因子分析の特殊な形が主成分分析だというものです。具体的には，データに誤差を仮定しないモデルでの因子分析が主成分分析となります。より正確には，潜在的な構造（推定したい値，例えば前の例では明るさ，他には自己統制感，知能などがあてはまります）を真の値とし，それによって得られた値が観測値（実際のデータ）だとするモデルが因子分析です。ですから心理学においては因子分析が圧倒的によく使われます。主成分分析の場合は，観測された値（部屋の広さ，明るさなどの非常に客観的なデータや厳密な行動指標，物価などがそうです）を真の値として考え，そこから潜在的な構造を推定します。

	原因と仮定するもの		結果として得られたと仮定するもの
因子分析	：潜在構造（知能）	⇒	観測値（知能テストの値）
主成分分析	：観測値（部屋の様々なデータ）	⇒	潜在構造（快適因子，価格因子）

　これ以上の説明は章末に挙げた参考書などを参考にしてください。

3. 説明に用いるサンプルデータ

　ここでは，居住地域に関する5問の調査項目を因子分析することを例に説明します。質問項目は以下のようであったとします。ある市町村について，

1　A市が好きだ
2　A市に住みつづけたい
3　A市は活気がある
4　A市は豊かだ
5　A市に愛着がある

の5項目を50人の人に聞いたことにしましょう。
結果を第1章に従って入力すると次ページのようになります。

入力が終わったら、平均点と標準偏差を産出し、グラフを作る習慣にしてください。やり方は第2章に載っています。ここではみなさんはすでにそのような作業を終えており、大体のデータをすでに把握し終えているということにします。

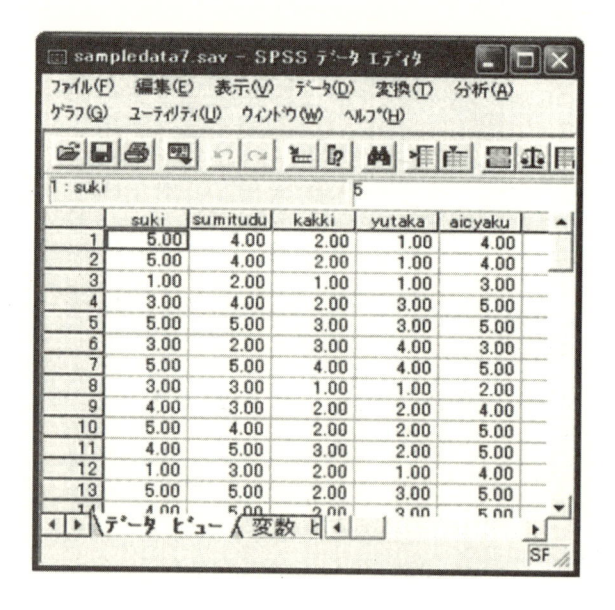

4．因子分析（または主成分分析）を行う

ツールバーより『分析』⇒『データの分解』⇒『因子分析』を選ぶと次のような画面があらわれます。

①まず，右の変数ボックスに分析したい項目をすべて放り込みます。ケース選択変数には通常なにも入れなくて大丈夫です。

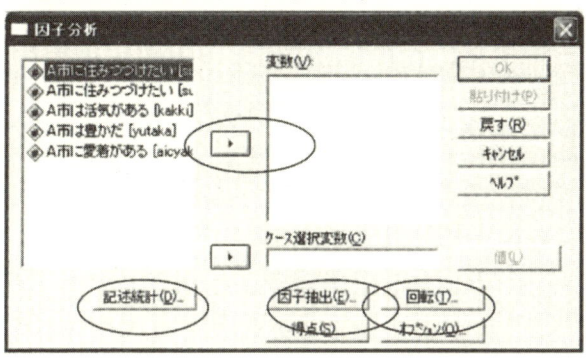

②記述統計ボタンを押すと右のようなウィンドウが開きますから，『初期の解』と『KMO と Bartlett の球面性検定』にチェックが入っていることを確認してください。

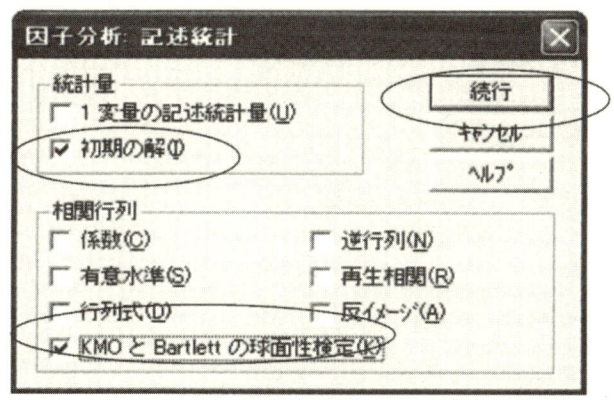

121

③次に因子抽出ボタンを押します。方法の欄で因子の抽出方法を選びましょう。ここで主成分分析を選ぶと主成分分析を行ったことになります。因子分析を行う場合は，最尤法(さいゆうほう)または主因子法を選ぶとよいでしょう。多くの研究では主因子法が好まれていますが，最近では最尤法が望ましいといわれています。また，『回転のない主因子解』と『スクリープロット』もチェックします。『収束のための最大反復回数』はコンピュータの負担を考えて25になっていると思いますが，100程度を指定しておいて構わないと思います。最小の固有値は，1のままで，通常，問題ありません。ふつう，固有値が1以下の因子は意味がないと考えることができます（「ガットマン・カイザー基準」）。つまり，項目1つ分以下の説明力しかもたないような因子は採用しないということです。

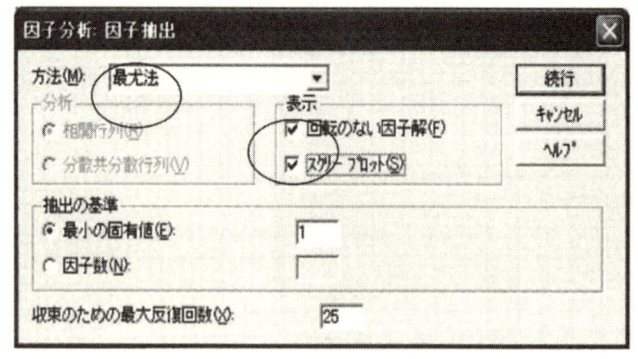

④最後に回転ボタンを押し，回転方法を選びます。ここでは通常プロマックスを選びます。(おすすめですが，これは斜交回転といって，各因子の得点に相関を仮定しています。直交回転をしたいときはここでバリマックスを選んでください。通常プロマックスで大丈夫です。) さらに，『回転後の解』『因子負荷プロット』をチェックします。ここでも先ほどと同様、コンピュータに問題がないなら『収束のための最大反復回数』はもっと大きい数字にしてもかまいません。

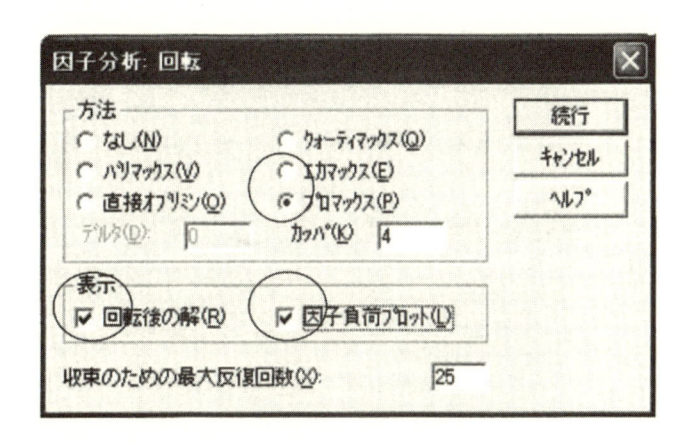

5．因子決定のための結果の読み取り方

　分析の設定を終え，OKボタンを押すとしばらく待たされた後，結果がずらずらと表示されます。ここでも順を追って説明します。

① 『KMO と Bartlett の球面性検定』

　まずこれを見ましょう。ここでは，
- KMO の値が 0.5 以上
- 球面性の検定が有意（有意確率が .05 以下であることを確認してください。

　を確認します。簡単にいうと，これでデータが因子分析に向いていることを確認しています。

KMO および Bartlett の検定

Kaiser-Meyer-Olkin の標本妥当性の測度		.627
Bartlett の球面性検定	近似カイ2乗	113.054
	自由度	10
	有意確率	.000

②因子数の決定

『説明された分散の合計』と『スクリープロット』から因子数を決定します。

説明された分散の合計

因子	初期の固有値 合計	分散の %	累積 %	抽出後の負荷量平方和 合計	分散の %	累積 %	回転後の合計
1	2.884	57.674	57.674	2.278	45.564	45.564	2.376
2	1.030	20.593	78.267	1.112	22.250	67.814	1.928
3	.593	11.860	90.127				
4	.352	7.033	97.160				
5	.142	2.840	100.000				

因子抽出法: 最尤法
a. 因子が相関する場合は、負荷量平方和を加算しても総分散を得ることはできません

『初期の固有値』には，何因子を仮定すれば5項目の前分散（回転前）の何％を説明できるかなどが表示されています。『累積％』を見ると、2因子構造でデータの約78％を説明できることがわかります。つまり，この5問の質問は，たった2つの因子からでも8割ちかくの情報を説明できるということになります。一般に，6割くらいのデータが説明できれば因子分析として妥当と言われていますから，これは悪くない数字です。

これに加えて，『スクリープロット』も見てみます。これは因子ごとの固有値をグラフにしたものです。何因子を仮定するか迷ったとき，これをみてグラフがくびれているところで因子を決定することもできます。スクリープロットからも，2因子のところでくびれていて，3因子以降はぐっと固有値が落ちることがわかります。これらを総合的に判断し，今回は2因子構造を仮定しましょう。どうしても迷うときは，次のステップ5と交互に繰り返しながら最良の因子数を決めていきます。

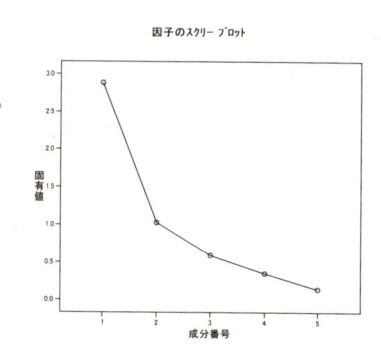

6．因子決定後の分析と結果の読み取り方
①因子数を指定した再分析

　因子数が決まりましたから，もう一度因子数をこちらで指定してSPSSに因子分析をやり直してもらいましょう。今回はたまたまSPSSが自動で設定した因子数が2でしたから必要ないのですが，説明のためこちらで因子数を指定するやりかたでもう一度分析を行ってみます。

　3節で説明したように因子分析を指定しますが，今度は『因子抽出』ボタンの中を指定する際，因子数を2に指定してやります。その他は3節のときのおなじようにして実行してください。

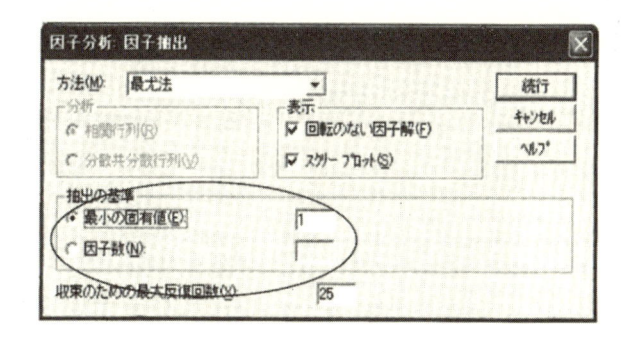

②結果を眺め，因子に名前を付ける

　因子分析を行い，5問の質問を2因子で説明していくことになりました。今度はそれぞれの因子をどのように考えていくのかを考察します。わかりやすく，『パターン行列』(因子負荷行列のことですが，プロマックスを用いるとこのように表示される）だけを見てみましょう。因子1は好き，住みつづけたい，愛着など，A市へのイメージを聞いた項目が集まっています，ここでは『イメージ因子』とします。因子2では活気や豊かさを聞いた質問が関係していますから，『活気因子』としておきます。このような名づけは，だれが見ても納得できることも重要ですが，研究の目的にそったものであることが一番大事です。みなさんの研究目的にとってわかりやすいものをえらんでください。逆にいうと，

いくらデータのあてはまりがよくても，研究の目的にそっていない因子数の決定や因子のネーミングでは因子分析のよさを生かしきれません。

この例のように，時々出力の値が「-4.03E-02」のようになるときがありますが，-0.0403，つまり，前に0が2つつくということです(バージョンが古い場合)。エクセルなどに貼りつければ通常の表示にもどります。

パターン行列[a]

	因子 1	因子 2
A市が好きだ	.634	-4.03E-02
A市に住みつづけたい	.977	-.117
A市は活気がある	-1.81E-02	.756
A市は豊かだ	-3.06E-02	.814
A市に愛着がある	.679	.262

因子抽出法: 最尤法
回転法: Kaiserの正規化を伴うプロマックス法
a. 3回の反復で回転が収束しました。

③項目ごとの共通性を見る

共通性とは，各項目が共通因子によって説明できる程度です。因子分析とは，つまるところ共通因子を探る分析ですが，このとき共通因子によってどの程度各項目を説明できているかが問題になります。共通性があまりに低い項目がある場合，これを除くことで因子分析の当てはまりがよくなることがありますから，検討してみてください。ちなみに，この章冒頭で説明した独自性は，共通性から1を引いた値になります。

共通性

	初期	因子抽出後
A市が好きだ	.348	.380
A市に住みつづけたい	.585	.863
A市は活気がある	.397	.559
A市は豊かだ	.413	.641
A市に愛着がある	.609	.695

因子抽出法: 最尤法

④斜交回転をした場合の注意点

　斜交回転をした場合,各因子には相関が出てきてしまいます。簡単にいうと,グラフのx軸とy軸が直角でまじわらず,どちらかの得点が増えるともう一方の得点も上下してしまうということです。この程度は『因子相関行列』で確認できます。

　これをみると,因子1と2には.051という中程度の相関がみられています。プロマックスなどの斜交回転は強力な手法ですが,出てくる因子はそれぞれ相関を仮定した上でのものですからこのことを心にとどめて置いてください。

因子相関行列

因子	1	2
1	1.000	.465
2	.465	1.000

因子抽出法: 最尤法
回転法: Kaiser の正規化を伴うプロマックス法

⑤質問項目を因子ごとにわける

　研究の目的にもよりますが,この後よく行われるのは,パターン行列をもとに質問項目を因子にふり分け,因子ごとの得点を算出したりします。今回の例では質問1,2,5が因子1,質問3,4が因子2に明らかに関与しています。因子負荷行列（パターン行列）の値0.4以上などを基準に分けることが多いようです。これによって,漠然とした5問の質問を,2つの下位項目に分かれた2群の質問として今後考えることができます。

⑥下位尺度得点の算出

　この後,多く行われるのは分けた下位尺度ごとに項目の平均点や合計点を算出し,その後の分析に用いるというものです。いくつかの項目の平均点を算出するやり方は第1章7項にありますから,これを参考にしてください。

7．結果の記述例

　（前略）被験者50名にA市についてどう感じているか，5問の質問を行った。各項目の平均点と標準偏差は表1の通りである（表1省略）。

　これらの5項目に対し，最尤法，プロマックス回転による因子分析を行った。スクリープロット・寄与率の減衰などにより因子数は2に決定された（回転前の2因子で5項目の全分散を説明する割合は、78.27%であった）。回転後の因子負荷量を表2に記す。

表2：因子分析結果
（プロマックス回転後の因子負荷量）

	第一因子（イメージ）	第二因子（活気）	共通性
A市が好きだ	<u>0.98</u>	-0.12	0.97
A市に愛着がある	<u>0.68</u>	0.26	0.53
A市に住みつづけたい	<u>0.63</u>	-0.04	0.40
A市は豊かだ	-0.03	<u>0.81</u>	0.66
A市は活気がある	-0.02	<u>0.76</u>	0.58
二乗和	1.82	1.32	
寄与率(%)	36.42%	26.35%	

*質問項目は因子負荷量を基準に並び替えた。因子負荷量0．4以上には下線を引いた。

　因子1は好き，住みつづけたい，愛着など，A市へのイメージを聞いた項目が集まっている。そのため『イメージ因子』と名づけた。因子2では活気や豊かさといった項目が関係していることから『活気因子』と名づけた。また，因子間相関は.47であった。

　また，この結果を元に，回転後の因子負荷量0．4以上を基準に各質問項目を因子にそれぞれ分け，表2に下線で示した。

表2ですが，2乗和はそれぞれの因子負荷を2乗して足したもので，寄与率はそれを項目数で割ったものになります。これらは各因子の影響力についての情報だととりあえず理解しておいてください。右端の列に表示されている共通性は，項目ごとの各因子負荷量の2乗和で計算されます。

プロマックスなどの斜交回転を行い，かつ3因子以上の結果になった場合は各因子間の相関をSPSSの因子相関行列の出力を加工し，表で示してもよいでしょう。その他表記法などで困ったら，似たような分析を行っている論文等を参考にするとよいと思います。

●参考文献

小塩信司　2004　SPSSとAmosによる心理・調査データ解析　東京図書

豊田秀樹　1992　SASによる共分散構造分析－SASで学ぶ統計的データ解析－　東京大学出版会。

第8章　リッカート法・α係数・I-T相関分析・G-P分析

瀬田　剛

1. 質問紙を作る

　他の章で解説されている分析方法は，調査の後，質問紙を実施した後に，得られたデータが何を意味しているのか，ということを探る分析といえるでしょう。しかし，この章で解説するのは，主に質問紙を作る段階，本格的な調査を行う前段階で，質問紙の質を上げるために用いられる分析です。

　質問紙法は，手軽に利用出来る研究法であるため，良く用いられる手法です。とはいえ，ただ思いついたことを書き並べて実施すればいい，というものでもありません。そこには，「信頼性」と「妥当性」という壁が立ちふさがるからです。

　信頼性とは，あるものについて測定すると毎回ほぼ同じような結果になる，ということについての指標です。もしあなたが身長を計った時，朝は160cmだったのに夜は190cmだった，というような身長計を信用できるでしょうか。朝160cmであったなら，わずかな増減はあれ，夜もおおよそ160cmであると考えられるでしょう。質問紙の場合も同じように，実施する度に結果が大きく変わってしまうような質問紙であれば，それは信用できないと言わざるを得ないのです。

　妥当性とは，測定したいものを正しく測定しているか，ということについての指標です。同じくもしあなたが身長を計った時，「2kmです」と言われたらどうでしょう。それは身長としてはあり得ない結果であり，身長を正しく測っているとはいえないのです。

　安易に作成された質問紙が，このような信頼性や妥当性を備えることは非常にまれであり，質問紙としての質は低いといえます。そのために，本格的な調

査の前に予備的な調査を行って，項目を精選し，質問紙の質を上げていかなければならないのです。これを項目分析といいます。ここでは，信頼性向上のための分析である，α係数の算出・I-T相関分析・G-P分析について説明していきます。

それでは，この章のタイトルにある名前の中でひとつ残ったリッカート法とは何でしょうか。これは質問紙のひとつの形式です。こちらは他の3つと違い，分析の手法ではありません。

そこで，まずリッカート法による質問紙の作り方をみたあとで，α係数の算出・I-T相関分析・G-P分析による項目分析を実際にやってみることにしましょう。

2．リッカート法

リッカート法は，主に態度測定に用いられる質問紙の形式のひとつです。ある対象（「お金」や「地位」など）についての意見項目を複数作成し，それぞれについて賛成の度合いを問うものです。例えば，「そう思う」「ややそう思う」「どちらともいえない」「あまり思わない」「思わない」の5件法で回答を求めます。それらの回答に5点から1点を割り当て，全ての項目に対する回答の合計点を，その人の対象についての態度得点とするのです。仮に，3つの質問項目に，「そう思う」「ややそう思う」「あまり思わない」と答えれば，5+4+2=11点がその人の態度得点となります。

それでは実際に，リッカート法に基づいて質問紙を作ってみましょう。ここでは「学歴」に対する態度尺度を作成することにします。質問項目として以下の11個を用意しました。

1) 高学歴であれば幸せになれる
2) 学歴のない人間は一人前ではない
3) 学歴は人の評価基準である
4) 学歴社会に賛成だ
5) 学歴でその人の価値は決まる

6) 高学歴は良い人生につながる
7) 生きていく上で学歴は必要ない（逆転項目）
8) 社会に出た時学歴は武器になる
9) 他人に認められるには学歴が欠かせない
10) 高学歴を収めることに興味はない（逆転項目）
11) 学歴によって社会的地位が決まる

これらの質問項目に対して，やはり「そう思う」「ややそう思う」「どちらともいえない」「あまり思わない」「思わない」の5件法で回答を求めます。

これだけでももっともらしい尺度にみえるかもしれません。しかし先にも述べたように，このままでは十分な信頼性や妥当性を備えているとはいえません。それではこれから，この「学歴」に対する態度尺度の質を上げるため，項目分析に移りましょう。分析は，作成した尺度を20人に実施した結果（下図）を基に行います。ちなみに，データには既に逆転項目の処理を施してあります。では，まずはα係数の算出とI-T相関分析にとりかかりましょう。

番号	幸せ	一人前	評価	基準	賛成	価値	人生	必要	武器	不可欠	興味	地位	合計
1	3	2	4	2	2	3	4	2	1	3	29
2	2	2	4	3	2	4	2	4	1	3	2	29
3	1	3	2	3	3	1	4	2	1	2	1	24
4	2	1	3	3	1	2	3	4	2	3	3	27
5	2	3	2	3	1	2	3	4	3	3	4	30
6	2	2	4	2	2	4	4	2	4	3	33
7	2	3	3	3	2	4	4	5	4	5	39
8	4	3	5	4	2	3	2	4	2	4	4	37
9	4	4	4	3	4	4	4	5	4	4	5	45
10	5	4	5	2	4	3	5	4	3	3	4	42
11	2	2	5	3	2	2	4	2	1	3	29
12	3	1	3	2	2	3	4	1	3	3	29
13	3	2	1	2	2	1	2	3	2	1	2	21
14	2	2	2	2	2	2	3	2	2	2	23
15	2	1	2	2	1	2	3	5	3	2	3	26
16	2	2	4	3	3	2	4	5	2	4	4	35
17	2	2	4	4	4	4	4	4	4	4	40
18	4	3	3	2	3	2	4	2	4	4	33
19	5	4	4	4	5	5	4	4	4	4	48
20	5	3	5	3	4	4	5	4	3	5	4	45

3. α係数・I-T相関分析

好きなおかずについて聞く質問紙（おかず尺度）があったとします。そこには「ハンバーグ」や「エビフライ」といった項目が並ぶでしょう。しかし，そこに「演歌」や「牧場」といった項目があったらどうでしょう。それらは明らかに食卓に並ぶおかずではありませんし，おかず尺度としての信用はがた落ちです。そんな時，おかず尺度から「演歌」や「牧場」項目を削除する統計的な理由を与えてくれるのが，α係数やI-T相関分析です。

α係数は，全ての質問項目が全体としてひとつのことについて聞いているか，ということの指標です。I-T相関分析のIとTは，それぞれ項目（item）と全体（total）の頭文字をとったもので，各項目と合計点の相関をみるものです（相関については第3章を参照）。尺度の合計点が高いということは，各項目も高得点をマークしているはずです。逆に，合計点が低いということは，各項目も低い得点をマークしているはずです。そうすると，各項目の得点と合計点の間には正の相関が見られるはずです。仮に正の相関であっても非常に弱い相関であったり，ましてや負の相関を示していたりするような項目は良い質問項目とはいえません。そのためにも，各項目と合計点の相関をみることが重要なのです。

それでは実際の分析に入りましょう。SPSSは，α係数の算出とI-T相関分析を同時にやってくれるのでとても便利です。まずメニューから『分析』→『尺度』→『信頼性分析』を選びます。すると，信頼性分析のダイアログボックスが出てきます。項目エリアに，質問項目1（ここでは「幸せ」と入力してあります）から質問項目11（ここでは「地位」と入力してあります）までを入れましょう。そのままOKを押してしまっても，とりあえず信頼性分析は出来ます。しかしこのままではI-T相関分析ができません。そこで信頼性分析のダイアログボックスにある「統計」ボタンをクリックします。すると「信頼性分析：統計量」ダイアログボックスが出現します。ここで，記述統計の中の「項目」「尺度」「項目を削除した時の尺度」の3つにチェックを入れます。チェックをした後は「続行」をクリックして再び「信頼性分析」ダイアログボックスに戻り

ます。これで準備が整いました。OK をクリックしましょう。

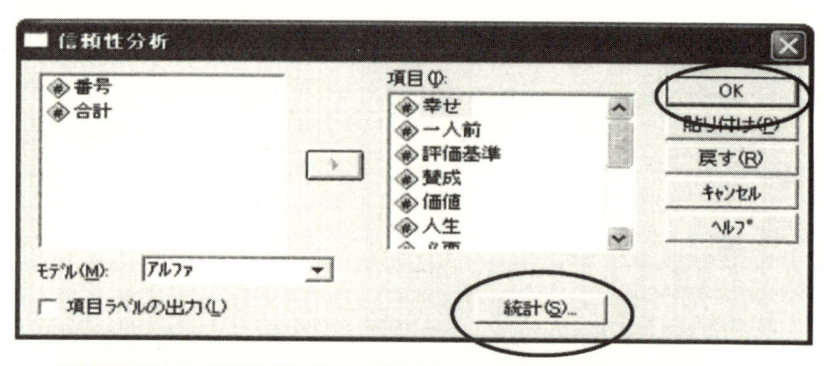

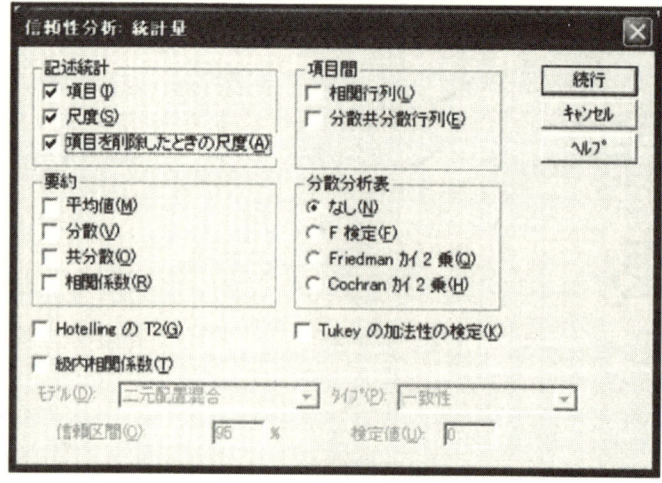

すると，出力にいくつかの表が出力されますが，肝心のα係数は「信頼性統計量」というところに「Cronbach のアルファ」かたちで示されます。

信頼性統計量

Cronbach のアルファ	項目の数
.889	11

今回の分析結果では 0.889 となっていますので，この尺度の α 係数は 0.889 であるということになります。α 係数の値がどの程度あれば信頼性があるといえるか，ということについては一概にはいえませんが，0.8 程度を目安にすると良いでしょう。それを下回ってしまうようであれば再考の余地あり，ということになります。今回の結果は 0.8 を十分上回っていますので，α 係数の点では信頼性のある尺度である，ということができるでしょう。しかし，今回は α 係数の算出だけでなく，I-T 相関についてもみることにしました。そこで次に，出力されている他の結果についても見ていくことにしましょう。

項目統計量

	平均値（ラン検定）	標準偏差	N
幸せ	2.9000	1.20961	20
一人前	2.5000	.94591	20
評価基準	3.4000	1.18766	20
賛成	2.9000	.71818	20
価値	2.4500	1.09904	20
人生	2.8500	1.08942	20
必要	3.1500	1.18210	20
武器	4.1000	.55251	20
不可欠	2.5000	.94591	20
興味	3.1500	1.30888	20
地位	3.3000	.97872	20

最初に出力されている表は，各項目の平均値，標準偏差，ケース数（被調査者数）を示したものです。これは先の「信頼性分析：統計量」ダイアログボックスにおいて，記述統計の「項目」にチェックを入れることで出力されるものです。この表も非常に重要な意味を持っています。例えば，平均値が 4.5 以上や 1.5 以下を示すような項目があった場合，その項目はほとんどの被調査者が高得点ないしは低得点をマークしたということになり，そのような回答に偏りのある項目は削除した方が良い，という判断が出来るのです。次に表示されて

いる項目合計統計量は，記述統計の「項目を削除した時の尺度」にチェックを入れることで出力されるものです。この表の中では「修正済み項目合計相関」と「項目が削除された場合のCronbachのアルファ」がもっとも重要になります。

項目合計統計量

	項目が削除された場合の尺度の平均値	項目が削除された場合の尺度の分散	修正済み項目合計相関	項目が削除された場合のCronbachのアルファ
幸せ	30.3000	50.853	.571	.882
一人前	30.7000	52.116	.671	.875
評価基準	29.8000	50.379	.616	.879
賛成	30.3000	58.537	.284	.894
価値	30.7500	50.197	.691	.873
人生	30.3500	50.239	.696	.873
必要	30.0500	48.576	.740	.870
武器	29.1000	58.832	.358	.891
不可欠	30.7000	52.853	.612	.879
興味	30.0500	48.261	.671	.875
地位	29.9000	50.621	.760	.870

「修正済み項目合計相関」は，文字通りIT相関のことです。ここでは，ひとつの質問項目と，その質問項目を除く他の質問項目の合計点の相関係数が示されています。それは，合計点にその質問項目自身を含めてしまうと，見掛け上相関が高くなってしまうからです。「修正済み項目合計相関」が低い値であったり，負の相関を示していたりという場合には，その項目を削除した方がよいと考えられます。今回の結果では「学歴社会に賛成だ」という項目の値が0.284，また「社会に出た時学歴は武器になる」という項目の値が0.358と他の項目と比べると低くなっています。そこから，この二つの項目は削除した方が良い，という判断が出来るのです。今回の分析では著しく低い値を示した項目はありませんでしたが，このI-T相関の値が0.15以下というような低いものであった場合は，尺度全体の構成との兼ね合いも考えなければなりませんが，まず削除するのが良いでしょう。

次の「項目が削除された場合のCronbachのアルファ」は，その項目を除いた場合，尺度のα係数がいくつになるか，というものです。もし，ある項目を除くことによって，α係数の値が「信頼性統計量」に示されている「Cronbachのアルファ」よりも高くなるのであれば，その項目は削除した方が良いと考えられます。今回の結果では，「学歴社会に賛成だ」という項目を除いた場合のα係数が 0.894，また「社会に出た時学歴は武器になる」という項目を除いた場合のα係数が 0.8912 と，いずれも尺度全体のα係数 0.891 よりも高くなっています。つまり，「項目が削除された場合のCronbachのアルファ」の面からも，この二つの質問項目は削除した方が良いと考えられるのです。

以上，α係数と I-T 相関分析による項目の精選についてみてきました。次はG-P 分析についてみていくことにしましょう。

4．G-P 分析

G-P 分析の G と P は，それぞれ Good と Poor の頭文字をとったものです。何について Good だの Poor だのいうのかというと，それはそれぞれの被調査者の尺度の合計点についてです。G-P 分析では，まず被調査者を尺度の合計点の高低によって，上位4分の1の群と下位4分の1の群にわけたり，平均点によって上位群と下位群にわけたりします。この時，上位群は合計点が高いわけですから，各項目についても高得点をマークしているはずです。また下位群は合計点が低いわけですから，各項目についても低得点をマークしていると考えられます。つまり，どの項目についても，上位郡の方が下位群よりも得点は高いはずなのです。そこで，各項目について上位群と下位群の間でt検定（第4章参照）を行い，もし有意差の無い項目があれば削除していこう，というのがG-P 分析です。

実際の分析は，まず被調査者を上位群と下位群にわけるところから始まります。ここでは，第1章6節を参考に平均点を用いて上位群と下位群をわけます。

次に行うのは t 検定です。詳しいやり方については第2章を参照してくださ

い。今回は上位群と下位群，つまりカテゴリ1とカテゴリ2について平均値の差の検定を行いますので，独立したサンプルの t 検定になります。検定変数には信頼性分析の時と同様，「幸せ」から「地位」までの質問項目を入れます。また，グループ化変数には，第1章を参考に作成した新しい変数を入れ，グループの定義をします。グループの1と2に，それぞれカテゴリの番号1と2を入力し，続行をクリックします。独立したサンプルのT検定ダイアログボックスに戻ったら，OKを押しましょう。結果が出力されます。

出力結果をみると，「学歴社会に賛成だ」という項目では $t_{(8)}=-1.50$，また「社会に出た時学歴は武器になる」という項目では $t_{(8)}=-0.94$ と，いずれも有意な差がみられないことを示しています。つまり，上位群と下位群の得点の間に差があるとはいえず，合計点の高い人も低い人も，この2つの項目についてはあまり差がみられないということです。被調査者が皆同じように答えるような質問項目は，あまり良いものとはいえないでしょう。G-P分析の結果からも，この二つの項目は削除した方が良い，と考えられるのです。

独立サンプルの検定

		等分散性のためのLeveneの検定		2つの母平均の差の検定						
		F値	有意確率	t値	自由度	有意確率(両側)	平均値の差	差の標準誤差	差の95%信頼区間 下限	上限
幸せ	等分散を仮定す	1.849	.211	-3.317	8	.011	-2.20000	.66332	-3.72963	-.67037
	等分散を仮定し			-3.317	6.166	.015	-2.20000	.66332	-3.81259	-.58741
一人前	等分散を仮定す	.640	.447	-4.025	8	.004	-1.80000	.44721	-2.83128	-.76872
	等分散を仮定し			-4.025	6.897	.005	-1.80000	.44721	-2.86072	-.73928
評価基	等分散を仮定す	.103	.757	-6.000	8	.000	-2.40000	.40000	-3.32240	-1.47760
	等分散を仮定し			-6.000	7.529	.000	-2.40000	.40000	-3.33253	-1.46747
賛成	等分散を仮定す	.103	.757	-1.500	8	.172	-.60000	.40000	-1.52240	.32240
	等分散を仮定し			-1.500	7.529	.174	-.60000	.40000	-1.53253	.33253
価値	等分散を仮定す	.590	.464	-4.491	8	.002	-2.20000	.48990	-3.32971	-1.07029
	等分散を仮定し			-4.491	7.784	.002	-2.20000	.48990	-3.33519	-1.06481
人生	等分散を仮定す	.086	.777	-5.880	8	.000	-2.20000	.37417	-3.06283	-1.33717
	等分散を仮定し			-5.880	6.759	.001	-2.20000	.37417	-3.09121	-1.30879
必要	等分散を仮定す	.640	.447	-5.367	8	.001	-2.40000	.44721	-3.43128	-1.36872
	等分散を仮定し			-5.367	6.897	.001	-2.40000	.44721	-3.46072	-1.33928
武器	等分散を仮定す	1.969	.198	-.943	8	.373	-.40000	.42426	-1.37835	.57835
	等分散を仮定し			-.943	6.113	.382	-.40000	.42426	-1.43349	.63349
不可欠	等分散を仮定す	1.524	.252	-4.427	8	.002	-1.40000	.31623	-2.12922	-.67078
	等分散を仮定し			-4.427	7.692	.002	-1.40000	.31623	-2.13433	-.66567
興味	等分散を仮定す	.590	.464	-4.491	8	.002	-2.20000	.48990	-3.32971	-1.07029
	等分散を仮定し			-4.491	7.784	.002	-2.20000	.48990	-3.33519	-1.06481
地位	等分散を仮定す	1.969	.198	-4.714	8	.002	-2.00000	.42426	-2.97835	-1.02165
	等分散を仮定し			-4.714	6.113	.003	-2.00000	.42426	-3.03349	-.96651

5. 結果の書き方

　分析が済んだら，その結果をレポートに載せることになります。α 係数については，本文中に記載するのが一般的な方法です。本章における『「学歴」に対する態度尺度』の場合，

> 『「学歴」に対する態度尺度』の信頼性分析の結果，α 係数は 0.89 であった。これより，『「学歴」に対する態度尺度』は十分な信頼性（内的一貫性）を有しているといえる。

と書けます。

　「内的一貫性」などという難しい言葉を出してしまいましたが，これにはわけがあります。信頼性は，α 係数だけで推し量ることができるものではありません。α 係数は，あくまで「全ての質問項目が全体としてひとつのことについて聞いているか」という，信頼性を推定するひとつのものさしにすぎないのです。ですので，レポートに書く際にも，「信頼性がある」と大きなことを言ってしまうよりも，「内的一貫性がある」という記述に留めておいた方がより正確であるといえるのです。

　もし，α 係数が 0.6 や 0.7 といった値を示してしまった場合はどうでしょうか。判断の難しいところではありますが、そのまま分析を進めても、自分の望む結果が出るような時は「分析には耐えうるものと判断した」という記述をして、そのまま書き進めるというのもひとつです。著しく低いようであれば、再考の余地があるのは言うまでもありません。

　分析の過程で，I-T 相関分析の結果や削除時 α 係数をみて項目を削除した場合は，表にして載せておくと親切です。レポートには，

> I·T相関の値および項目削除時α係数を表1（省略）に示す。
> I·T相関の値が低いこと，そして項目を削除することによりα係数が上昇することから，「学歴社会に賛成だ」および「社会に出た時学歴は武器になる」の2項目を削除した。残りの9項目での信頼性分析の結果，α係数は0.90となった。

というように記述するとよいでしょう。

G·P分析については，行っている分析はt検定ですので，第2章を参照してください。レポート記述の際の注意点についても第2章にまとめて書かれています。

6．おわりに

　本章では，リッカート法により質問紙を作成し，α係数やI·T相関分析，G·P分析を用いて項目分析を行いました。その結果，いずれの分析からも「学歴社会に賛成だ」項目と「社会に出た時学歴は武器になる」項目は削除した方が良い，という結論に達しました。このように，一見もっともらしい質問紙でも，きちんと項目分析をすることにより，より信頼性の高い質問紙を作ることが出来るのです。

　また，ここでは3つの分析を，質問紙を作る段階でその質を上げるために用いる分析として紹介しました。しかし，これらの分析は本調査の後でも実に有効な分析なのです。既存の質問紙を用いる場合にも，α係数を算出し信頼性を確かめることは必要なことですし，I·T相関分析やG·P分析を行うことによって，本格的な分析に入る前に，調査結果の質を落としてしまうような項目を除外することが出来ます。

　早く調査をしたい，項目を作成したらすぐに調査したいと思うのも当然かもしれません。データを取ったらすぐに結論を導くような分析をしたいと思うのもわかります。しかし，そこは我慢のしどころです。この章で取り上げた分析をきちんとするかしないかで，結果は大きく違ってくるでしょう。料理と同じで，面倒くさがらず，ひと手間かけることが重要なのです。

著者略歴 (50音順)

生田倫子（いくたみちこ）
　武蔵野大学人間関係学部通信教育部専任講師。社会福祉法人児童養護施設成光学園カウンセラー・コンサルタント。法政大学付属女子高等学校スクールカウンセラー。神奈川県警察本部被害者支援スタッフ。
　東北大学大学院教育学研究科博士課程修了（教育学博士）。臨床心理士。家族相談士。

小野寺哲夫（おのでらてつお）
　臨床心理士。（財）ふくしま自治研修センター客員教授。日本臨床催眠学会理事。日本催眠臨床学会理事。日本催眠学会編集委員。立正大学大学院文学研究科博士課程単位取得退学。東北学院大学経済学部非常勤講師。東日本国際大学非常勤講師。調布市医師会立看護高等専修学校非常勤講師。東京リハビリテーション専門学校非常勤講師ほか。

佐藤宏平（さとうこうへい）
　山形大学教職研究総合センター（心理臨床研究部門）助教授。
　東北芸術工科大学・山形短期大学非常勤講師。山形県スクールカウンセラー。
　東北大学大学院教育学研究科博士課程修了（教育学博士）。
　日本家族心理学会監事。臨床心理士。

瀬田　剛（せたつよし）
　立正大学大学院文学研究科修士課程修了（文学修士）。
　特定非営利活動（NPO）法人メンタルコミュニケーションリサーチ（MCR）コンサルタント。
　臨床心理士。認定カウンセラー。

都築誉史（つづきたかし）
　立教大学社会学部教授。
　名古屋大学大学院教育学研究科博士課程単位取得退学。博士（教育心理学）。日本認知科学会編集委員。

松井博史（まついひろし）
　立教大学大学院社会学研究科在学。
　特定非営利活動（NPO）法人メンタルコミュニケーションリサーチ（MCR）調査研究部門。
　東京福祉専門学校非常勤講師。埼玉福祉専門学校非常勤講師。
　立教大学大学院社会学研究科博士前期課程修了。修士（社会学）。

若島孔文（わかしまこうぶん）
　立正大学心理学部助教授。慶應義塾大学文学部非常勤講師。
　東北大学大学院教育学研究科博士課程修了（教育学博士）。日本家族心理学会理事。日本カウンセリング学会編集委員。日本学校カウンセリング学会編集委員。

心理学実験マニュアル―SPSS の使い方からレポートへの記述まで―

2005年4月1日　初版第1刷発行
2006年4月25日　初版第2刷発行

著　者　　若　島　孔　文
　　　　　都　築　誉　史
　　　　　松　井　博　史

発行者　　登　坂　治　彦

・定価はカバーに表示　　印刷　富士見印刷／製本　富士製本

発行所　株式会社　北樹出版

〒153-0061　東京都目黒区中目黒1-2-6
電話(03)3715-1525（代表）　FAX(03)5720-1488

© Koubun Wakashima et. al 2005, Printed in Japan
ISBN 4-7793-0001-0

（乱丁・落丁の場合はお取り替えします）